POÉSIES

DE

PROSPER BLANCHEMAIN

TOME QUATRIÈME

FLEURS DE FRANCE

PARIS

AUGUSTE AUBRY

Libraire de la Société des Bibliophiles

18, RUE SÉGUIER

M D CCC LXXV

POÉSIES

DE

PROSPER BLANCHEMAIN

IV

IMPRIMÉ

PAR

DAUPELEY-GOUVERNEUR

A NOGENT-LE-ROTROU

ET TIRÉ A 5oo EXEMPLAIRES

SAVOIR

Papier de Chine. . . . 10
Papier de couleur . . . 10
Papier de Hollande. . . 3o
Papier vergé 15o
Papier vélin 3oo

FLEURS

DE FRANCE

PAR

PROSPER BLANCHEMAIN

A L'AVENTVRE AVGVSTE AVBRY

PARIS

AUGUSTE AUBRY

Libraire de la Société des Bibliophiles

18, RUE SÉGUIER

M D CCC LXXV

FLEURS DE FRANCE

A

S. A. R.

MADAME LA DUCHESSE DE CHARTRES

L me souvient d'un jour d'été;
Maumont rayonnait sous l'ombrage;
Mainte amazone au fin corsage
Trottait au bois avec gaîté.

Pour vous fêter, pour vous sourire,
Le soleil brillait sur les monts,
Fleurs de France! Je sais vos noms;
Mais je n'ai garde de les dire.

L'une de vous près du Donjon
S'est assise à l'ombre. Elle esquisse
Busset, le hautain édifice,
Qui se profile à l'horizon.

I

Déjà, sous cette main habile,
Les créneaux menacent les cieux ;
Au pied des murs audacieux
S'abaisse le vallon tranquille.

Quel charme de tenir fixé
Tout ce qui plaît, tout ce qui frappe ;
D'enchaîner le jour qui s'échappe,
De ressusciter le passé !

Pour animer le paysage,
Y peindrez-vous un templier,
Un Chabannes, preux chevalier,
Un vieux Bourbon du moyen-âge ?

S'il vous faut choisir un guerrier
Au cœur mâle, aux traits héroïques,
A quoi bon fouiller les chroniques
Au-delà de François Premier ?

Cherchez, en des temps de désastres,
Un Amiral, cachant son nom.
Il marche au-devant du canon,
Sous une nuit froide et sans astres.

C'est quand les plus braves ont fui
Qu'il laisse le champ de bataille,
En arrachant à la mitraille
Un blessé, qui fût mort sans lui.

En Normandie et sur la Loire,
Cherchez aussi Robert Lefort,
Qui seul, dans un suprême effort,
Osait défier la victoire.

Il ne se montrait qu'au combat,
Et ce n'était qu'à sa vaillance
Qu'on devinait un fils de France
Sous l'habit d'un simple soldat.

C'était le prince légendaire ;
C'était le héros ignoré ;
Et le chef qui l'à décoré
N'a rien su que son nom de guerre.

Donnée au soldat inconnu,
Cette Croix resplendit plus belle ;
Avec plus d'effroi, devant elle,
Fuit le Kabyle à demi nu !

Tels sont les héros qu'il faut peindre,
Vaillants fils de hardis aïeux !
Bientôt votre cœur soucieux
N'aura plus de périls à craindre.

Songez qu'il revient du danger
Plus illustre après son absence,
Fier d'avoir vaincu pour la France,
Et tout brûlant de la venger.

Vous pourrez, d'un front qui rayonne,
Belle au milieu de vos enfants,
Presser dans vos bras triomphants
Celui dont l'amour vous couronne.

Puissent vos pinceaux plus jamais
Ne peindre les scènes guerrières,
Mais les beaux livres de prières,
Les tableaux d'espoir et de paix!

Puisse votre main, dans sa joie,
N'avoir qu'à nuancer des fleurs,
Et qu'à parer de leurs couleurs
L'éventail d'ivoire et de soie!

Tel j'en sais un au vélin pur,
Orné de guirlandes nouvelles,
Que portent, en battant des ailes,
Deux oiseaux de pourpre et d'azur.

Les clématites enlacées
Y mêlent, dans leurs frais rinceaux,
L'anémone, le lys des eaux,
La passiflore et les pensées.

Vous avez eu soin d'y lier
Le myosotis, fleur sacrée :
Quand les yeux vous ont rencontrée,
Le cœur ne peut vous oublier!

1871.

REMERCIEMENT

A L'ACADÉMIE DES JEUX FLORAUX

DE TOULOUSE

———

JE n'entrerai donc plus dans la brillante arène
Où d'Isaure, trois fois, j'ai porté les couleurs?
Ainsi ta loi l'ordonne, heureuse Souveraine,
Qui donnes, pour des vers, de la gloire et des fleurs!

J'aimais pourtant, j'aimais ces tournois, noble école,
Ces triomphes conquis même au prix des revers.
L'espoir de remporter la palme au Capitole
Donnait plus de vigueur et de grâce à mes vers.

Et lorsque je me sens plein de courage encore,
Athlète désarmé, je ne combattrai plus;
Sans pouvoir désormais les suivre, aux pieds d'Isaure
Je verrai s'élancer les lutteurs résolus.

Mainteneurs du Savoir, maîtres du docte empire
Qui daignâtes souvent encourager ma voix,
A votre saint parvis dois-je appendre ma lyre?
L'ai-je fait résonner pour la dernière fois?

Non! vous m'ouvrez l'accès de ce Jardin mystique
Où la Reine des Jeux tient son sceptre vermeil,
Où chaque fleur éclose au jardin poétique
Resplendit immortelle aux baisers du soleil.

Je sens mon cœur ému bondir dans ma poitrine :
Ne vois-je pas ici les anciens troubadours?
N'entends-je pas chanter, par quelque voix divine,
Le Tenson, le Sirvente et le doux Lai d'Amours?

Ce n'est point une erreur! gloire de vos ancêtres,
La Muse garde encor sa sereine beauté;
Et vous, illustres fils de ces illustres maîtres,
Vous marchez sur leurs pas vers l'immortalité.

Tant qu'on vous entendra chanter dans cette enceinte
Le doux nom de Clémence, orgueil de vos remparts,
Toulouse restera la ville docte et sainte,
L'Athène Occitanique et la reine des arts.

Rois du chant! quand je pense à tant de renommée,
Et quand je pense aussi que vous faites accueil
A ma muse inconnue et timide et charmée,
Je me sens tressaillir, j'ai presque de l'orgueil.

A mon tour je suis maître en la noble science;
J'ai conquis ce fleuron qui fait tant de jaloux,
Cet honneur qui passait ma plus haute espérance,
Cet honneur de m'asseoir le dernier parmi vous!

1853.

LA NUIT

AU BORD DE L'ALLIER

———

A MARIE DÉSIRÉE

Qu'il fait bon sur la rive,
Quand l'onde fugitive
Se déroule sans bruit,
Serpent d'azur qui glisse,
Étincelle et se plisse,
Bleuâtre dans la nuit!

La lune triste et blonde
Se reflète dans l'onde,
Et semble caresser
Son image idéale,
Comme une bouche pâle
Qui demande un baiser.

Au loin pas un murmure;
Tout dort dans la nature,
L'arbre et l'oiseau perché.
Pas une herbe qui bouge,
Pas une lueur rouge
Dans le hameau caché.

Sur l'eau mirant ses ombres,
Un rideau d'arbres sombres,
Fantastique et réel,
Dessine seul la grève,
Où le fleuve s'achève,
Où commence le ciel.

O nuit! je me rappelle
Les heures où, près d'Elle,
Soutenant en chemin
Sa marche cadencée,
Écoutant sa pensée,
Et sa main dans ma main,

Nous allions sous tes voiles;
Où je n'avais d'étoiles
Que l'éclat de ses yeux,
Où nous partions ensemble,
Seuls dans l'esquif qui tremble,
Entre l'onde et les cieux.

Là-bas, dans le silence,
Le canot se balance
Où nous allions nageant.
Quand fuirai-je avec Elle,
Traçant sous ma nacelle
Un sillage d'argent?

Quand lui dirai-je, à l'heure
Où l'astre du soir pleure

Sur le soleil enfui :
« Vois cet astre qui penche ;
Ton âme pure et blanche
Est plus pure que lui ! »

O ma joie, es-tu morte ?
Toi, dont mon cœur emporte
L'ineffable tableau ;
Morte comme un doux rêve,
Comme un flot sur la grève,
Comme un souffle sur l'eau ?

Non ! il n'est rien qui meure !
Tout ce qui naît demeure,
Tendant toujours au bien ;
L'univers, gouffre énorme,
Sous l'œil de Dieu, transforme,
Mais n'anéantit rien.

Au soir, ma barque errante
Sur l'onde transparente
Suivra la rive en fleurs ;
Et ta tête adorée
Resplendira nacrée
Des nocturnes pâleurs.

O fuir ! sans but, sans cesse,
Dans l'ombre enchanteresse,
Sous les arbres tremblants ;
Fuir seuls, loin de la foule,

Au gré de l'eau qui coule,
Tels que deux cygnes blancs!

Fuir! l'âme à l'âme unie,
Vers la rive infinie
Où, sans compter les jours,
L'un pour l'autre on doit vivre,
Où l'amour nous enivre,
Où Dieu nous dit : — « Toujours! »

Vichy. Août 1871.

LE BERCEAU

―――

L<small>E</small> jour naît; l'orient s'enflamme;
Et, de loin, la voix d'une femme
S'élève d'un vallon perdu.
C'est une négresse marronne
Qui, sur un rythme monotone,
Agite un berceau suspendu :

« Hamac tissu d'écorces fines,
Qui te soulèves et t'inclines,
Quand ma main vient te balancer,
Endors mon enfant sur la mousse;
Dans les rameaux du pamplemousse
Le vent frémit pour le bercer.

« Auprès de lui, sur un jamrose
Le papillon d'azur se pose
Pour charmer, au réveil, ses yeux;
Cette émeraude qui voltige,
Le Colibri, sur une tige,
Sautille sans bruit et joyeux.

« La fleur, qui s'ouvre rouge et blanche
Attendant son réveil, se penche
Vers son berceau pour l'embaumer ;
Mais sa mère, attentive et tendre,
L'aime, et n'a pas besoin d'attendre
Qu'il se réveille pour l'aimer. »

Elle chante ainsi, la Négresse,
Sous l'ombre de la nuit épaisse,
Sous les feux du jour étouffant :
Elle chante, et sa main rapide
Balance un berceau toujours vide :
Elle est folle... et n'a plus d'enfant !

Passant, respecte ses chimères.
Ici-bas, que de pauvres mères,
Seules près d'un berceau glacé,
Ployant sous leur douleur cruelle,
Voudraient être folles comme elle
Et ne vivre que du passé.

LES

RELIQUES DE SAINT AUGUSTIN

RAPPORTÉES A HIPPONE

A MON CHER FILS PAUL

I

Où vas-tu, rapide navire?
Tu bondis sur les flots amers :
On dirait que ton flanc respire.
Où vas-tu, fier coursier des mers?
Conduis-tu par les eaux lointaines
Ces audacieux capitaines
Que nuls dangers n'ont retenus?
Vas-tu vers les pôles du globe
Chercher si leur nuit nous dérobe
Des mondes encore inconnus?

— Non! de la Méditerranée
Je ne dois point quitter l'azur,

Et ma proue au midi tournée
Appelle un abri prompt et sûr.
— Navire, tu cours vers l'Afrique,
Vas-tu, messager pacifique,
Portant la richesse à ton bord?
Vas-tu, héraut de la bataille,
Vomir la flamme et la mitraille?
Es-tu la vie? es-tu la mort?

— Je dirige ma voile errante
Vers des bords qui n'ont plus de noms;
D'une mitraille dévorante
Je n'ai point chargé mes canons.
Ma carène que le flot berce
N'enferme point pour le commerce
Des biens précieux ou de l'or;
Au rivage où je vais descendre
Je n'emporte qu'un peu de cendre;
Mais cette cendre est un trésor.

II

Le vaisseau jette l'ancre... Écoutez! l'airain gronde,
Le rivage Africain a frémi de fierté,
Et ce tonnerre humain, dans la rade profonde,
Roule de monts en monts, longtemps répercuté.

Une acclamation répond, sur le rivage,
Aux éclairs que la nef a vomis de ses flancs,
Et la foule descend la colline où s'étage
Bône, avec ses toits plats et ses minarets blancs.

Entre l'onde et les monts, sous ton ciel plein de flamme,
Tu me plais, ville arabe à l'aspect gracieux ;
Mais ton nom que j'évoque est muet pour mon âme ;
Ta sauvage beauté ne parle qu'à mes yeux.

O cité! dans l'horreur des mêmes funérailles
Tout a donc disparu? C'est ici qu'autrefois
Hippone florissait, et ces mêmes murailles,
Que le croissant domine, ont arboré la croix.

Hippone, tu n'es plus et ne dois point renaître,
Mais un nom glorieux survit à ton destin.
Tes échos endormis s'éveilleraient peut-être
Si l'on y prononçait le grand nom d'Augustin.

III

Laissez-moi jusqu'à lui remonter d'âge en âge,
Voir Hippone, baiser le sable du rivage
Où son pas vénéré s'est autrefois empreint!
Sur ces antiques bords que leur passé renomme,
Laissez-moi m'éclairer aux splendeurs du grand homme,
　　　M'épurer aux vertus du saint.

Si vous gardez encor le secret de ses rêves,
Racontez-moi, beaux cieux qui brillez sur ces grèves,
　　　Comment l'aigle altier prit son vol ;
Comment il s'éleva, par la philosophie,
A la religion du Dieu qu'on crucifie,
　　　Montant de Platon à saint Paul.

Tel qu'un passant nocturne incertain de sa route,
De la crainte à l'espoir et de l'erreur au doute
Il allait abusé par de fausses lueurs,
Cherchant la vérité qui fuyait son génie,
Pâle, et, toutes les nuits, dans sa lente insomnie
    Arrosant son lit de ses pleurs.

Mais il avait sa mère, une mère admirable,
Qui pleurait, qui priait pour son fils misérable,
    Avec espoir, avec amour;
Certaine qu'elle était, la pieuse colombe,
Que ce fils, mort-vivant, prisonnier de la tombe,
    Devait ressusciter un jour.

Le mort ressuscita! quelle heure solennelle!
Quand pâle, secoué par l'étreinte éternelle,
Du linceul de l'erreur froissant les derniers plis,
Ébloui par l'éclat des divines merveilles,
Il entendit vibrer d'en haut à ses oreilles
    La voix qui disait: « Prends et lis! »

C'en était fait! la vie envahissait son être,
Jésus allait remplir et posséder en maître
    Ce cœur avec lui-même en paix.
Comme Jacob sortant du combat avec l'ange,
Il revenait vaincu de ce duel étrange,
    Mais invincible désormais.

C'est que la vérité du céleste Évangile
Est l'inflexible acier qui frappe, qui mutile,

Mais qui tranche l'ulcère au fond du cœur humain ;
Le rayon pénétrant de la clarté divine
N'était plus un poignard plongé dans sa poitrine,
    C'était un glaive dans sa main.

Qu'il est fort ! qu'il est grand, l'orateur de Tagaste !
Il remplit de sa voix le monde, horizon vaste
    Dont il occupe le milieu.
Platon s'est fait chrétien ; l'Évangile est son arme ;
Sectaires et païens ! il parle, il dompte, il charme...
    Entrez dans la cité de Dieu !

Mais ceux qu'il a vaincus triomphent de lui-même ;
En vain se dérobant à ce peuple qu'il aime,
Il veut rester du Christ le dernier serviteur ;
La foule le découvre agenouillé dans l'ombre,
L'emporte vers l'autel entre ses bras sans nombre.
    Hippone le veut pour pasteur.

IV

Va, grand Augustin ! marche, appuyé sur la crosse ;
Fais descendre du ciel la sainte vérité,
    Soutiens l'honneur du sacerdoce,
    A l'heure où l'effrayant colosse,
Rome, succombe au poids de son immensité !

Les Dieux s'en vont ! la terre a perdu l'équilibre ;
Tout craque et se dissout ; les barbares sont là.
    Un cri d'effroi résonne et vibre,
    Et, dans les eaux jaunes du Tibre,
Vont se désaltérer les coursiers d'Attila.

Mais la croix du salut, à travers les ténèbres,
Étincelle en ta main comme un phare qui luit.
  Déchirant ces voiles funèbres,
  Déjà tu prévois, tu célèbres
L'aurore qui vaincra cette hideuse nuit.

Le Seigneur tout-puissant est béni par ta bouche;
Il n'est pas de païen, de barbare outragé
  Que ta sainte douceur ne touche;
  Genseric, le tyran farouche,
Respecte le troupeau par tes vœux protégé.

Hippone, ainsi que l'arche, au milieu du déluge,
Dans l'Afrique envahie, invincible témoin,
  Offre seule un dernier refuge,
  Où la main du Souverain Juge
Semble dire aux vainqueurs : « Vous n'irez pas plus loin. »

Tu la gardais, fidèle à ton saint ministère,
Lorsque l'ange funèbre apparut à tes yeux.
  Ton âme, lampe salutaire,
  Devait s'éteindre sur la terre,
Pour s'allumer, plus pure et plus brillante, aux cieux.

Ce fut la fin d'Hippone, et quand tu devins cendre,
Ta cité disparut dans un affreux chaos.
  Toi vivant, on ne put la prendre;
  Toi mort, ses fils, sans la défendre,
Comme un trésor suprême, emportèrent tes os.

V

De là-haut si tu peux encore
Revoir, apôtre protecteur,
Ton Afrique où la France arbore
Son drapeau civilisateur,
Ton âme est enfin consolée
En parcourant cette vallée,
Ces monts altiers, ces bois épais;
Car aujourd'hui la voix d'un prêtre
S'élève aux lieux même où dut être
La Basilique de la Paix.

Tu reviens! le canon qui gronde
Retentit du navire au port;
La ville entière au bord de l'onde
Vient t'accueillir, illustre mort!
Sur l'arrière de la nacelle
Ta châsse d'argent étincelle;
Tous les cœurs chrétiens sont émus.
Un chant aux sonores syllabes
Monte, et l'écho des monts arabes
Redit : — TE DEUM LAUDAMUS!

Ainsi l'hymne qu'à ton baptême
Autrefois Ambroise a chanté,
Résonne encore, honneur suprême,
A ton retour dans ta cité.
Des flots d'encens et de prières,
Unis aux fanfares guerrières,

Volent jusqu'au trône éternel;
Le saint cortége se déploie,
Et Dieu sourit à notre joie,
Dans la sérénité du ciel.

VI

Repose maintenant sur la terre Africaine,
Comme un fils endormi sur le sein maternel;
C'est en vain que la guerre et l'implacable haine
Tenteraient de troubler ton sommeil immortel.

La France t'a rendu pour toujours ces contrées
Fertiles en martyrs, fécondes en élus;
Les anges, qui veillaient sur leurs tombes sacrées,
De retour avec toi, ne les quitteront plus.

Saint Évêque! bénis cette nouvelle Hippone
Qui t'accueille, en pleurant d'espérance et de foi;
C'est un peuple naissant qui t'offre la couronne;
Il ne t'a pas connu; mais il veut être à toi.

Saint Évêque! bénis les soldats! c'est leur gloire
Qui prépara ce jour à nos yeux éblouis;
Ils sont tes fils en Dieu, tes fils par la victoire :
Bénis les descendants des preux de saint Louis!

Bénis aussi, bénis ces Arabes, nos frères :
Séduits par ton amour, vaincus par nos exploits,
Qu'ils viennent abjurer leurs fureurs téméraires,
Au pied de nos drapeaux, à l'ombre de ta croix!

LES ABEILLES DU CRUCIFIX

AU R. P. DOSITHÉE

ABBÉ DE LA TRAPPE DE FONTGOMBAULT

Un grand Christ aux bras étendus,
Tendre ami, protecteur sévère,
Domine les rochers ardus
Dont vous avez fait un Calvaire.

Dans le corps du saint Crucifix
Un essaim d'abeilles pullule.
Ainsi, père, votre cellule
Est dans le corps du divin fils.

Sur toutes les fleurs de la terre
Les mouches blondes font leur miel.
Le miel de votre vie austère
N'est point ici-bas, mais au ciel.

Travaillez, ô pieuse abeille!
D'un dur labeur le prix est doux :
Et quelquefois, dans votre veille,
Vous qui priez, priez pour nous!

Septembre 1869.

EXCELSIUS

Mon âme se rappelle ou pressent, comme en rêve,
Un bonheur inconnu qui la peut seul charmer.
La terre est trop petite, et la vie est trop brève,
Pour le désir de vivre et pour la soif d'aimer.

L'avais-je déjà vue ailleurs qu'en cette vie ?
Le jour où je l'aimai, je crus me souvenir;
Et, pour l'aimer assez, au gré de mon envie,
Il ne me suffit pas du terrestre avenir.

N'entends-je pas en moi je ne sais quelle plainte,
Rumeur d'un autre monde avec douleur quitté,
Ressouvenir confus d'une existence éteinte,
Qui se mêle au désir de l'immortalité ?

Ailleurs est la patrie; ailleurs est le rivage,
D'où nous sommes partis, où nous retournerons.
La terre n'est qu'un lieu d'épreuve et de passage :
Nous rentrons dans la vie à l'heure où nous mourons.

LE CIMETIÈRE DE SCUTARI

A Scutari, sur les coteaux,
Dans le cimetière aux grands arbres,
Le croyant, fidèle aux tombeaux,
Prie et rêve, assis sur les marbres.

Sous l'ombrage un gazon plus frais
Verdit autour des blanches tombes,
Et, dans les antiques cyprès,
Nichent des essaims de colombes.

L'oiseau de l'Orient, Boulboul,
Doux rossignol, y fait entendre
Aux pieux rêveurs de Stamboul
Sa voix mélodieuse et tendre.

Nulle part le ciel n'est plus pur.
La cité reine des deux mondes
Y rayonne, entre un double azur :
En haut les cieux, en bas les ondes.

Au loin glissent mille vaisseaux,
Caïks, tartanes, balancelles,
Pareils à de puissants oiseaux,
Ayant des voiles au lieu d'ailes.

Du Fanar à la Corne d'or,
S'élève la rumeur lointaine
De tout ce qui prend un essor
Dans cette immense ruche humaine.

Le soleil darde ses reflets
Sur les toits blancs, sur les coupoles;
Et l'albâtre des minarets
Semble couronné d'auréoles.

Là-bas, tout est lumière et bruit;
Tout se meut, rayonne et s'élance;
Ici, le jour à peine luit;
Tout est solitude et silence.

Dans l'ombre des cyprès tremblants
Et des cèdres au vaste dôme,
Une femme, en longs voiles blancs,
Passe sans bruit, comme un fantôme.

Elle marche et tremble en marchant;
Elle s'en va, tête penchée,
A travers les tombeaux, cherchant
La place où sa fille est couchée.

Elle arrive au lieu des douleurs,
Incline son front et le pose
Sur un tertre embaumé des fleurs
Du jasmin et du laurier rose.

De lys jaunes, frêle trésor,
Elle orne la tombe nouvelle,
En disant tout bas : — « Urnes d'or,
Répandez vos parfums sur Elle ! »

C'est ainsi qu'elle vient s'asseoir
Sous le même arbre, au cimetière,
De l'aube à la nuit, sans pouvoir
Trouver des pleurs sous sa paupière.

Les yeux rougis de désespoir,
Sans pleurs, elle arrive à l'aurore ;
Le rossignol chante le soir,
Et ses yeux restent secs encore.

Un Santon, près d'elle attentif,
Lui dit en passant : « — Femme blanche
Entends-tu cet oiseau plaintif,
Qui gémit là-haut sur la branche ?

» C'est pour toi qu'en ces bois caché
Boulboul chante au sein du feuillage ;
Boulboul, c'est l'âme sans péché
D'une vierge morte avant l'âge ! »

Le chant de l'oiseau fut un miel
Pour ce cœur ulcéré d'alarmes;
Elle leva les bras au ciel,
Et longtemps coulèrent ses larmes...

O Boulboul! reviens soupirer,
Dans l'ombre où sont les mausolées;
Redis l'hymne qui fait pleurer
Les pauvres mères affolées.

Chante, Poète aérien!
Nos larmes couleront encore;
Chante! les pleurs font tant de bien
A ceux qu'un deuil brûlant dévore.

Mais les maternelles douleurs
Sont un volcan au fond de l'âme.
Dieu même a-t-il compté les pleurs
Qui pourraient en calmer la flamme?

TOAST

EN L'HONNEUR DE DEUX NOUVEAUX MEMBRES

DE LA SOCIÉTÉ DES BIBLIOPHILES FRANÇAIS

A MADAME GUSTAVE DE VILLENEUVE,

NÉE AMÉLIE DE MONTALIVET

MADAME,

Le mercredi 24 janvier 1872, Monseigneur le duc d'Aumale ayant été nommé, en même temps que M. l'abbé Bossuet, membre de la Société des Bibliophiles français, vous eûtes la gracieuse pensée de réunir à votre table les nouveaux élus et les membres de la Compagnie qui avaient pris part à cette élection.

Ceux qui ont pu répondre à l'appel de M. de Villeneuve étaient : MM. le baron Jérôme Pichon, président, le baron Dunoyer de Noirmont, le comte Frédéric de Janzé, le marquis de Bérenger, Paulin Pâris, Charles

Schefer, Ambroise-Firmin Didot, le comte Oct. de
Behague, le comte Clément de Ris, Gabriel de Bray,
le prince Aug. Galitzin et moi.

M. Laugel, secrétaire de S. A. R., assistait également
à cette réunion.

Vers la fin du repas, j'ai prononcé le toast suivant,
dont vous avez désiré conserver le souvenir.

Permettez-moi, Madame, de vous l'offrir en me
disant, avec un profond respect,

Le plus humble et le plus obéissant

de vos serviteurs.

Messieurs, portons ensemble un toast au plus beau livre,
Un livre à faire envie, à rendre à jamais ivre
L'amateur bienheureux qui le possédera !
Je ne sais quel artiste autrefois le para,
Plus grand que Pasdeloup, Derôme ou Clovis Ève.
En dentelle, en rinceaux, sur le vélin s'enlève,
Et sur le maroquin, un or historié.
De chiffres, d'écussons, il est armorié.
La tranche, ciselée avec art, se marie
Aux fermoirs refouillés d'or et de pierrerie.
Voici pour le dehors. Ouvrez des yeux ardents,
Et je vais vous montrer ce qu'on trouve au dedans.
Quel phénix cherchez-vous? Un manuscrit antique?
Un vieux vélin pourpré, byzantin ou gothique?
L'un de vous peut rêver son désir le plus cher :

L'incunable de Fust ou celui de Scheffer ?
Un Alde, un Jean de Tourne, un Elzevir? Cet autre,
Des heures de Tory, de Pigouchet, de Vostre?
Est-ce un conteur exquis? Est-ce un historien?
Est-ce encore un roman chevaleresque, ou bien
Le trésor inconnu d'une noble Chronique ?
Oui, tout cela, plus même est dans ce livre unique,
Qui, toujours s'accroissant, n'est jamais complété;
Car ce beau livre, c'est... notre Société.
Dans ce livre où s'écrit chaque jour notre histoire,
Chacun a son feuillet, qui garde sa mémoire.
Par la gloire ou le rang les uns, déjà fameux ;
Nous apportent l'éclat de leurs noms grands comme eux;
Ceux-là sont notre honneur. D'autres (je suis du nombre)
Font de ces noms brillants un reflet pour leur ombre :
Non point jaloux, mais fiers de pouvoir se parer
D'un voisinage heureux qui les fait honorer,
Fiers d'occuper aussi leur place à cette table,
Où la grâce charmante et le savoir aimable
Tiennent leur cour plénière; où règne la beauté
Qui provoque l'esprit et contient la gaîté.
O livre! notre orgueil! nous avons sur tes pages
Inscrit ce soir deux noms qui veulent nos hommages,
L'un de l'Aigle de Meaux est l'héritier pieux,
Et porte dignement ce fardeau glorieux.
L'autre élu, celui-là Roi des Bibliophiles,
Depuis longtemps déjà manquait à nos conciles :
Ce n'est pas comme fils d'un souverain aimé,
Ce n'est pas comme prince et soldat renommé,
Ni comme historien dont la main occupée

S'escrimait de la plume à défaut de l'épée ;
S'il veut notre suffrage et s'assoit parmi nous,
C'est comme ami du livre et premier entre tous.
Fallait-il qu'il nous vînt en ces temps de souffrance
Où l'ennemi vainqueur pèse encor sur la France,
Où Paris, que trois mois la discorde broya,
Est aux yeux de l'Europe une autre Alésia !
O Vercingétorix, homme aux larges épaules,
Qui soutins à toi seul le poids croulant des Gaules,
N'as-tu donc pas laissé quelque fils de ton sang,
Pour relever la France et lui rendre son rang ?
Si tous les tiens sont morts, n'est-il pas une race
Qui de Charles Martel retrouvera la trace ?
Celui qui combattit, comme les Scipions ;
Les enfants d'Annibal au pays des Lions,
Celui qui, rejeté d'une ingrate patrie,
Vouait encor sa plume à la France chérie,
Et, sous les flots du temps que son œil a sondé,
Ressuscita pour nous la gloire des Condé,
Écrivain et soldat, que celui-là se lève !
L'héritage immortel des Condé, c'est leur glaive...
Et nous retrouverons, quand nous aurons un Roi,
Les chemins de Fribourg, Nordlingen et Rocroi !

         Paris, 1ᵉʳ février 1872.

LA MÈRE ABANDONNÉE

Seule dans la déserte lande,
Les flancs meurtris et déchirés,
Une femme, en sa douleur grande,
Poussait des cris désespérés.

Elle mettait un fils au monde
Et se mourait dans l'abandon,
Sans une voix qui lui réponde,
Criant à Dieu grâce et pardon !

« Par les souffrances de Marie,
Par les douleurs du Crucifix,
Dieu bon, Dieu sauveur, je vous prie,
Recevez la mère et le fils ! »

Puis de sa paupière expirante
Une larme soudain jaillit,
Et baigna, perle transparente,
Le nouveau-né, qui tressaillit.

Jésus au pauvre être éphémère
Entr'ouvrit le ciel triomphant ;
Car le dernier pleur de la mère
Servit de baptême à l'enfant.

Janvier 1874.

REMEMBRANCE

On conserve des fleurs qui, par le temps séchées,
Enivrent d'un parfum qu'on ne peut définir;
On cherche en son passé des angoisses cachées,
Lambeaux sanglants et morts, mais chers au souvenir.

C'est un plaisir amer, aux heures où l'on souffre,
De jeter en arrière un regard éperdu,
Et, marin naufragé, de contempler le gouffre
Où, sous les flots calmés, dort le vaisseau perdu.

CLÉMENCE ISAURE

POÈME

Lu en séance publique, le 3 mai 1855

A L'ACADÉMIE DES JEUX FLORAUX DE TOULOUSE

> Dedans un pré, je vis une Naïade
> Qui, comme fleur, marchoit dessus les fleurs,
> Et mignotoit un bouquet de couleurs...
> Pierre DE RONSARD.

ÉTAIT-CE un rêve, était-ce une réalité ?
J'étais assis au bord d'un vallon enchanté,
Et j'allais me baignant, pensif et solitaire,
A la brise éthérée, aux parfums de la terre.
Le ciel semblait creusé dans un vaste saphir,
Et les fleurs ondulaient au souffle du zéphyr.
O Mai ! doux enchanteur, mois où tout se réveille,
Que ta riche parure était vive et vermeille !

3

Jamais la grande main qui peint l'émail des fleurs
Ne t'avait embelli de plus fraîches couleurs;
Jamais les papillons, les mouches, les abeilles
N'avaient goûté de miel si doux dans tes corbeilles;
Jamais de tes parfums les effluves naissants
N'avaient plus enchanté, plus enivré mes sens.
Tout vivait. Chaque fleur, frémissante, embaumée,
Aux baisers du soleil semblait s'être animée;
Chacune, dans les champs, dans les prés, dans les bois,
Pour peindre sa pensée avait pris une voix.
L'Églantine disait : — « C'est moi, que l'on admire,
Moi la fleur du savoir, moi, la fleur du bien-dire;
C'est moi qui persuade et qui retiens captifs,
Aux pieds de l'orateur, les hommes attentifs.
Celui qui me reçoit, mystérieux symbole,
Voit la foule soumise écouter sa parole.
On dirait que sa langue, en un puissant essor,
Attache l'auditoire avec des chaînes d'or. »
— « Je suis une humble fleur, disait la Violette;
J'aime à m'épanouir sous une ombre discrète;
Mon parfum délicat, dans les bois égaré,
S'exhale bien souvent sans être respiré.
Mais, en ses jeux sacrés, si Clémence me cueille,
Un prestige secret vient enrichir ma feuille.
Reines du gai savoir, les Muses souriront
Au poète inspiré dont j'ornerai le front.
Sur les pas de Milton, de Virgile et d'Homère,
Il dira les héros; et leur gloire éphémère,
Leurs conquêtes, leurs noms, immortels désormais,
Revivront dans ses vers pour ne mourir jamais. »

— « Oses-tu bien sortir de l'herbe,
Plante agreste, aux sombres couleurs ?
Depuis quand deviens-tu superbe ;
Toi, la plus modeste des fleurs !
Rentre dans tes forêts obscures ;
Sois l'emblème des sépultures
Et des malheureuses amours ;
L'ombre sied mieux à tes fleurs pâles.
Crains, pour tes fragiles pétales,
La trop grande splendeur des jours.

» C'est moi, l'Amarante hautaine,
Qui ne fleuris qu'au grand soleil,
Moi qui, vers la céleste plaine,
Élève un panache vermeil ;
C'est moi qui couronne la lyre
Du poète, dont le délire
Chante les rois et les guerriers.
La fleur de Pindare et d'Horace,
L'amarante ne s'entrelace
Qu'avec les rameaux des lauriers ! »

— « Mes sœurs, dit une Primevère ;
L'une et l'autre vous savez plaire.
Votre destin est beau ; pourquoi le gâtez-vous
Par des transports envieux et jaloux ?
Vous avez la splendeur, glorieuse Amarante,
Vous, Violette ; le parfum.
Ma fortune est bien différente ;
Vous avez des trésors ; je n'en possède aucun.

Je suis sans odeur et rampante ;
Et cependant je me contente
De l'humble lot qui m'est donné ;
Car les destins m'ont ordonné
De présager le printemps à la terre.
Soumise à l'éternel mystère,
J'abandonne aux humains la rancune et le fiel.
Imitez-moi ; sans orgueil, sans envie,
Gardez le rang où vous plaça le ciel,
C'est l'art d'être heureux dans la vie. »

Plus d'une fleur encore, aux champs, dans la forêt,
Sous la brise de mai doucement murmurait.
L'Œillet, pour composer son ardente ambroisie,
Semblait prendre un parfum de chaque poésie ;
A l'écart, un Souci répandait dans les airs,
Soupirs d'un cœur blessé, de suaves concerts.
Il disait une amour ineffable et discrète ;
Née, aux jours du printemps, aux chansons d'un poète.
A ces chants tout remplis d'une douce langueur,
La bien-aimée enfin laissait fléchir son cœur ;
Puis c'étaient les échos de tendres rêveries,
Ces mots entrecoupés qu'au soir, dans les prairies,
Sous l'yeuse et le saule avec de longs serments,
En se donnant des fleurs, échangent les amants.
Soudain tout se taisait... la harpe était brisée,
Un frisson douloureux courait dans la pensée...
Qu'était-il devenu, le jeune ménestrel ?
Pourquoi ces chants suivis de ce deuil éternel ?
Et pourquoi l'Élégie, en sa triste cadence,

Soupirait-elle encor le doux nom de Clémence ?
Mais le Souci penchait son front silencieux,
Quand une odeur suave, un chant délicieux
Sur l'aile du Zéphir coururent par la plaine :
Le Lys à son parfum mêlait sa cantilène :

SONNET

« Je suis le Lys des champs, la splendeur des déserts.
Dieu m'a fait ma couronne; il a tissu lui-même
Mon vêtement, qui passe, en sa beauté suprême,
Les pompeux ornements dont les rois sont couverts.

» Sur ma tige élégante élancé dans les airs,
J'aspire au ciel ; je suis votre candide emblème,
Sainte Vierge Marie, et Clémence, qui m'aime,
A fait de moi le prix des plus chastes concerts.

» Elle m'offre à celui qui chante vos louanges,
Et l'on dit que son âme, aux mystiques douleurs,
Revient, au mois de Mai, s'incarner dans mes fleurs.

» Ainsi l'hymne qui monte à vous, Reine des Anges,
Porte encore à vos pieds, harmonieux mélanges,
Son âme et mon parfum ; ma rosée et ses pleurs ! »

Et moi : — « Me direz-vous, ô Fleurs harmonieuses !
Quel esprit fait parler vos corolles soyeuses ?
J'avais vu jusqu'ici les fleurs, filles des prés,
Incliner mollement leurs boutons diaprés,

Quand la brise de mai frémissait dans les plaines;
Mais jamais les Zéphyrs aux suaves haleines,
Dispersant les parfums qu'ils recueillent en vous,
Ne m'avaient apporté qu'un bruissement doux,
Et non pas ces soupirs ni ces voix sans pareilles,
Dont l'aimable harmonie a charmé mes oreilles.
Pourquoi donc, en ce jour, comprends-je vos accents,
Quand nul homme, avant moi, n'en pénétrait le sens?
Chantez, chantez encor; car j'aime à vous entendre.
Dites-moi, s'il se peut, de votre voix si tendre,
Quelle est cette Clémence, objet de tant d'amour,
Que vos ardents soupirs invoquaient tour à tour?
Et toi, Clémence, et toi, qui sers aux fleurs de muse,
Es-tu quelque Circé puissante, qui s'amuse,
Par ses enchantements, à troubler l'univers?
Dans les magiques fleurs de ces prés toujours verts,
Retiens-tu prisonniers ceux qui t'ont adorée?
Muse, magicienne, ou déesse ignorée,
J'ai besoin de te voir, je t'aime; en toi je crois!
Je t'invoque! parais! parle! qui que tu sois! »
— « Moi? je suis une enfant, une vierge naïve,
Et je viens pour montrer, à vous que j'aimerai,
Et ma grâce et l'attrait du séjour d'où j'arrive.
Ma demeure est au ciel et j'y retournerai;
Mais j'aime à m'enivrer de poétiques flammes,
Et celui qui me voit sans être enamouré
Ne comprendra jamais la Muse au luth sacré,
L'esprit harmonieux, qui chante dans les âmes.
Chaque étoile du ciel, qui se mire en mes yeux,
De son charme divin et de ses feux m'inonde.

Si ma chaste beauté paraît étrange au monde,
C'est que je viens d'en haut; c'est que j'habite aux cieux.
Et je serai toujours un secret pour la terre,
Et mon cœur n'ouvrira son voile de mystère
Qu'à celui qui saura mériter mon amour!... »

Ces mots, je les lisais sur les livres d'un ange,
Qui m'apparut venant du céleste séjour.
Et je m'abandonnais à cette vue étrange,
M'enivrant d'un bonheur qui charme et fait mourir,
Quand je reçus dans l'âme une cruelle atteinte,
De ces yeux où les miens s'étaient mirés sans crainte,
Et je me lamentais, sans pouvoir me guérir.

Cependant, elle allait, foulant l'herbe nouvelle,
Et l'herbe sous ses pas reverdissait plus belle;
Puis elle s'inclinait et, de sa douce main,
Elle cueillait les fleurs le long de son chemin.
D'un voile transparent moins couverte qu'ornée,
Sa tête aux cheveux noirs, de lauriers couronnée,
Son front candide et pur, son visage riant,
Sa bouche où rayonnaient des perles d'Orient,
Tout ce je ne sais quoi qui séduit et fascine,
Surtout ces yeux, brillants d'une flamme divine,
Me brûlaient, et pourtant m'attiraient de nouveau,
Comme le papillon qui revient au flambeau.
Un manteau vert tombait flottant sur ses épaules,
Pareil à ces rameaux que balancent les saules;
Sa robe avait l'éclat du fer dans le foyer.
Moi, sentant mon cœur battre et mes genoux ployer,

Sans oser lui parler, je pensais : — « Ange ou femme,
Votre charmant visage annonce une belle âme.
Daignez vous approcher ; daignez m'entretenir.
Dans ce vallon sacré j'aime à vous voir venir,
Telle que Béatrice apparaissait à Dante
Sorti du Purgatoire et de la flamme ardente.
L'air était pur aussi : la prairie à l'entour
Embaumait et, sur l'herbe, aux feux naissants du jour,
Comme vous, elle errait dans la verte clairière,
Cueillant par le chemin sa moisson printanière. »

La Dame, qui lisait en mon cœur mon émoi,
Devina ma pensée et s'avança vers moi,
Sur les petites fleurs jaunes, blanches, vermeilles.
Or mon front s'empourprait devant tant de merveilles;
Car elle avait levé les yeux, et ses regards
S'enfonçaient dans mon cœur qu'ils perçaient de leurs
Enfin, ayant pitié de ma douleur trop grande,   [dards.
Elle prit quatre fleurs dans sa fraîche guirlande :
C'était une Amaranthe, un Lys et deux Soucis.
— « Tiens ! et que par ces fleurs tes maux soient adoucis,
Me dit-elle. Je fus jadis Clémence Isaure...
Je suis un pur esprit; mais je palpite encore;
J'ai connu le plus saint, le plus pur sentiment,
Que l'on puisse inspirer ou sentir en aimant.
J'ai, dans l'ombre, entendu, de la voix la plus tendre,
Chanter les plus beaux vers qu'il soit donné d'entendre.
Comment ce chaste amour fut-il brisé? Dieu seul
A connu le secret qui dort sous mon linceul.
Toulouse, ma patrie, à tout jamais l'ignore.

D'un pied indifférent, sur la cendre d'Isaure,
Mes fils les mieux aimés passent, ne sachant pas
Où gisent mes débris qu'ils foulent sous leurs pas...»

Tandis qu'elle parlait, sa beauté tout entière
Se métamorphosait et devenait lumière.
J'apercevais toujours son corps; mais au travers
Je distinguais les champs, les monts et les prés verts.
Tel l'arc-en-ciel, posant son pied dans la campagne,
Couvre, sans les cacher, le bois et la montagne;
Tel s'évanouissait le fantôme adoré.
Sa voix, en même temps, dans l'espace éthéré,
Se perdait et semblait de plus en plus lointaine.

Mais non! ce n'était pas une illusion vaine!
Toulouse dans ses murs fête Isaure aujourd'hui;
Les fleurs qu'Isaure aimait sur l'autel ont relui,
Et, comme si c'était des mains même d'Isaure,
Les poètes vainqueurs les recevront encore.
Isaure! Isaure est là! je l'entends; je la vois!
Cinq siècles ont passé sans affaiblir sa voix :
— « Voici le mois des fleurs! venez tous, ô poètes!
En souvenir de moi, Toulouse offre des fêtes.
Venez! et que ces fleurs soient le prix de vos chants.
Peut-être qu'évoquée à vos hymnes touchants,
Mon âme errante, aux murs du savant capitole,
Un instant oublîra le deuil qui la désole;
Peut-être, en vos accents tour à tour entendus,
Trouverai-je un écho de ceux que j'ai perdus!
Et vous, dont le savoir, au bout de tant de lustres,

Pare d'un noble éclat la Salle des Illustres,
Vous mes fils bien-aimés, vous doctes Mainteneurs,
Vous qui me consolez par de pieux honneurs,
Éternisez mon nom. Grâces à vous, Toulouse,
Reine des arts, rendra chaque cité jalouse;
Grâces à vous, elle est l'Athènes d'Occident.
Sur son trône agrandi, les Muses, préludant,
Célèbrent sa splendeur auguste et pacifique;
Le laurier qu'elle tient n'est pas moins magnifique,
Pour n'être point trempé dans le sang et les pleurs.
Vous enchaînez la gloire en des liens de fleurs! »

L'ANGELUS DE MAI

I

HYMNE A LA VIERGE

Il est midi; la brise est douce et pure,
Le champ verdit, le bois est parfumé,
Le ciel rayonne, et toute la nature
Sourit en paix au plus beau jour de mai;
    La rapide hirondelle,
    Vers son nid familier
    Volant à tire-d'aile,
Revient porter bonheur au toit hospitalier.

Entendez-vous? là-bas, dans les vallées,
Dans ces clochers qui montent vers les Cieux?
L'Angelus tinte, et ses lentes volées
Donnent une âme à ce monde joyeux.
    Votre mois, ô Marie,
    Brille d'atours naissants;
    Le monde entier vous prie :
Mère du Dieu sauveur, écoutez ses accents !

La fleur qui naît se dresse sur sa tige;
Elle ouvre au jour son calice de miel,

Frêle encensoir, vers vous elle dirige
Tous les parfums que lui donna le ciel;
    Et, pareille à la mère
    Qui meurt pour ses enfants,
    Elle livre, éphémère,
Dans l'espoir d'un doux fruit, ses pétales aux vents.

Le grain caché sous la glèbe entr'ouverte,
De l'univers ressentant le réveil,
Fait onduler sa chevelure verte,
Et vous bénit dans les feux du soleil.
    La misère est profonde,
    Vos fils sont accablés;
    Que votre amour féconde
La prière en nos cœurs et le grain dans nos blés!

Le vieux faucheur, sur la tige odorante
Du trèfle vert coupé dans le sillon,
Pour vous prier, pose sa faux vibrante,
Et le berger se tait dans le vallon.
    Tout le troupeau se couche
    Sur le sol reverdi,
    Et le taureau farouche
Appelle en mugissant le repos de midi.

Sur les coteaux, la chanson des faneuses
Naguère encor retentissait au loin.
L'Angelus tinte; et, dans leurs mains pieuses,
Les longs râteaux n'agitent plus le foin.

Chaque tête s'incline
Et mille voix en chœur,
A vous, Reine divine,
Adressent leur prière avec l'élan du cœur.

Dans ses parfums, comme dans son ramage,
La fleur des champs, comme l'oiseau des bois,
Tout se confond pour un suave hommage,
Et l'univers n'a qu'une seule voix.
Vous êtes, Vierge sainte,
Le vœu, l'espoir, le but;
A la cloche qui tinte
Tous les cœurs ici-bas vont répondant : « Salut!

» Salut, Marie! amour, bonheur des âmes!
Le Tout-Puissant, du haut de l'infini,
Vous a bénie entre toutes les femmes,
Et Jésus-Christ, votre enfant, est béni.
Priez pour nous, Marie,
Mère du Dieu sauveur;
Priez pour qui vous prie,
Puis, au jour du trépas, priez pour le pécheur! »

L'ANNEAU PASTORAL

————

A MONSEIGNEUR DE LA TOUR D'AUVERGNE
ARCHEVÊQUE DE BOURGES

Votre anneau pastoral, serti par un artiste,
    Jetait un reflet rouge et bleu,
Lorsqu'en un jour fatal, la céleste Améthyste
    A subi l'épreuve du feu.

Sous une autre apparence elle échappe à la flamme,
    Et, du terrible embrasement,
Elle sort aujourd'hui blanche comme votre âme,
    Elle est changée en diamant.

Ainsi l'homme revient triomphant de l'épreuve.
    Le deuil, qui blanchit ses cheveux,
A son cœur dévasté donne la trempe neuve
    D'un acier fidèle et nerveux.

Il marche, l'œil fixé vers la voûte azurée,
    Portant sa croix, buvant son fiel;
Il franchit la fournaise, et son âme épurée
    Est un diamant pour le ciel.

      Château de la Barre, 15 octobre 1871.

ROUEN ET SAINTE-HÉLÈNE

La cité de Rollon et du vieux duc Guillaume,
Qui vainquit l'Angleterre et s'en fit un royaume,
Rouen la ville antique aux tortueux détours,
Rouen s'enveloppait de ce manteau de brume
Qui, plus épais l'hiver, toujours ondoie et fume
    Au-dessus de ses tours.

Sur la Seine, à travers les humides ténèbres,
Un vaisseau noir, couvert de tentures funèbres,
De la terre d'exil rentrait au Panthéon ;
Sur cette nef en deuil pleurait la France veuve ;
Car ce tombeau flottant, qui remontait le fleuve,
    Portait Napoléon.

        Le flot s'ouvre sans murmure
        Et, du fleuve nébuleux,
        Sort une vierge aux yeux bleus,
        A la brune chevelure.

Une armure resplendit
Par-dessus sa robe blanche;
Fier et doux son front se penche,
De son audace interdit.

Tristement préoccupée,
Comme pour un grand dessein,
De ses deux bras sur son sein
Elle étreint sa grande épée.

C'est l'enfant de Domremy,
C'est Jeanne d'Arc la pucelle.
La vengeresse immortelle
Parle au héros endormi :

— « Salut, Napoléon! salut! C'est la guerrière,
Dont la main a chassé l'Anglais envahisseur,
Qui devait au retour t'accueillir la première :
　　　Salut! je suis ta sœur.

» Dis-moi, Napoléon, dans cette île où, captive,
Ton aigle se tordait sous l'ongle du vautour,
Quand l'ennui dévorait ta pensée inactive,
　　　Seul, au déclin du jour,

» Seul, courbé sous le poids du souvenir suprême,
Quand ta main retombait sur ce livre agité,
Où tu voulais en vain te raconter toi-même
　　　A la postérité;

» Quand, serrant de tes bras ta poitrine oppressée,
Perdant à l'horizon les éclairs de tes yeux,
Tu sentais bouillonner aux feux de ta pensée
    Ton front silencieux,

» Quand tu voyais en rêve et l'armée, et les tentes,
Et les canons tonnant tes ordres absolus,
Tes maréchaux, ta garde aux armes éclatantes,
    Tout ce qui n'était plus !

» Pensais-tu qu'autrefois, aux jours de la discorde,
Surgissant comme toi dans les adversités,
Une simple bergère avait chassé la horde
    Qui souillait nos cités ?

» Combattant comme toi pour la France envahie
Elle fut comme toi, c'est le sort des héros,
Pour un peu d'or vendue et lâchement trahie,
    Et livrée aux bourreaux.

» Pensais-tu que c'était encor la même haine,
Qui te faisait mourir sur ton brûlant rocher;
Rapprochais-tu parfois Rouen et Sainte-Hélène,
    L'exil et le bûcher ? »

Mais le héros, du cercueil qui s'entr'ouvre,
Se lève... Il sort tout brillant de splendeurs,
Tel autrefois il accueillait, au Louvre,
Les Rois venus au lieu d'Ambassadeurs.

C'était bien l'homme à la petite taille,
Que l'univers eut peine à contenir;
C'était l'habit usé par la bataille,
Mais immortel, mais beau de souvenir;

Le manteau bleu, compagnon de sa gloire,
Où chaque soir, des Alpes au Niemen,
Il s'endormit, en rêvant la victoire,
Et s'éveilla vainqueur le lendemain.

C'était bien lui! La mort, par qui tout change,
Avait eu peur de toucher à son corps.
Son œil brilla d'une lumière étrange,
Et cette voix s'entendit au dehors :

— « Oui! Jeanne d'Arc, je suis ton frère
Et par la vie et par la mort.
L'Anglais de notre sort contraire
Subira l'éternel remord.
Noble Vierge, ils t'ont torturée;
Au feu, vivante, ils t'ont livrée;
Ils ont semé ta cendre au vent;
Moi, qui crus à leur conscience,
Ils m'ont traîné sur l'onde immense,
Ils m'ont, ironique clémence,
Sur mon tombeau cloué vivant!

» Moins malheureuse, ma dépouille,
Échappant au roc abhorré,

N'a plus de chaîne qui la souille,
Et mon cercueil est délivré.
Je vais dormir aux Invalides,
Où veillent, encore intrépides,
Les derniers de mes vieux soldats.
Au fond de sa crypte glacée,
Ma dépouille y sera bercée,
Par les récits et la pensée
De nos héroïques combats.

» Tandis que ta cendre légère,
Emportée aux gouffres des mers,
Jusque sur la rive étrangère
Roule encor sous les flots amers,
Ah ! que sur l'Angleterre infâme
Elle jette, avec chaque lame,
Ces murmures accusateurs,
Ces cris, ces désespoirs sublimes
Qui font, au râle des victimes,
Jusque dans leurs fibres intimes,
Frissonner les persécuteurs ! »

Il disait et tous deux, sur leur terre chérie,
Pensant encor sans doute à venger la patrie,
        Dans l'espace ils planaient;
Et de combats géants, de gloire, d'espérance,
De ce qu'ils avaient fait et souffert pour la France,
        Longtemps s'entretenaient.

Ombres de nos vengeurs, victimes vénérées !
Veillez sur nous, du haut des voûtes éthérées,

Au milieu du danger.
Si l'ennemi s'armait pour d'autres félonies,
S'il souillait notre sol, victorieux génies,
Venez nous protéger.

Toi, mère généreuse, ô France souveraine!
Étends sur tous les deux de ton manteau de Reine
Les gigantesques plis;
Réunis, dans ta main auguste et triomphale,
L'oriflamme des Rois et l'Aigle impériale,
Les lauriers et les lys!

LA PHOTOGRAPHIE

DE S. A. R. Mme LA DUCHESSE DE CHARTRES

Oui ! c'est elle... et ce n'est pas elle.
C'est bien le galbe et le profil;
C'est un reflet qui la rappelle;
Mais son doux charme, où donc est-il?

Sur cette lèvre froide et grave
Où donc est-il ce frais souris,
Qui s'épanouit plus suave
Au nom de ses enfants chéris?

Ce n'est plus l'Artiste dont l'âme
Se révèle sous le crayon;
Ce n'est plus l'œil, foyer de flamme,
Dont le regard est un rayon.

L'attrait idéal du visage,
Chair transparente et sang vermeil,
Tout pâlit, comme un paysage
Lorsque s'est voilé le soleil;

Tout se fane et se décompose,
En s'estompant sur le papier.
C'est le fantôme d'une rose;
C'est une fleur dans un herbier.

C'est une empreinte terne et pâle,
Un poème en prose traduit;
Près du diamant, c'est l'opale;
Près du jour, c'est la froide nuit.

Pourtant cette ombre grise et noire,
Par un mirage singulier,
Fait revivre dans la mémoire
Celle qu'on ne peut oublier.

Par la pensée on la colore;
Dans le prisme du souvenir,
Comme à travers un météore,
On l'anime, on la voit venir.

Mais il y manque ce prestige
Dont Elle seule a le secret.
Pour éterniser le prodige,
Pour la faire vivre, il faudrait

Qu'elle osât ce travail suprême,
Et que, d'un pinceau caressant,
Elle se peignît Elle-même,
Pour son Robert, son cher absent.

1872.

LE DONJON DE ROMEFORT

A M. LE COMTE ET Mme LA COMTESSE DE BONDY

Vieux donjons, vieux manoirs, féodales demeures,
De quoi parlez-vous donc au voyageur lassé ?
Pourquoi sur vos créneaux, pendant de longues heures,
    Va-t-il rêvant au temps passé ?

Des géants d'autrefois, gigantesques repaires,
Vous n'avez rien gardé, pas même leurs tombeaux ;
Vous n'êtes qu'un débris où sifflent les vipères,
    Où croassent les noirs corbeaux.

Vos orgueilleux barons ne sont plus que des ombres ;
La race a disparu, le nom s'est aboli ;
Les siècles ont jeté sur vos mornes décombres
    Deux manteaux : le lierre et l'oubli !

On vous aime pourtant, ruines centenaires,
Et quand l'ombre des nuits s'étend sur le coteau,
On repeuple un instant d'êtres imaginaires
    Le fantôme du vieux château.

Qu'il est superbe, dans mon rêve,
Le grand donjon de Romefort!
Un soleil de printemps se lève
Sur les toits bleus du château fort;

Un beau page sur la tourelle
Fait retentir le son du cor;
Le veneur matinal appelle
Les varlets endormis encor.

Piqueurs et fauconniers, en place!
Monseigneur descend de la tour.
Madame aussi veut à la chasse
Lancer son tiercelet d'autour.

Voici le palefroi qu'on mène,
Couvert d'un harnais blasonné,
Et sur son gant la châtelaine
Porte l'oiseau chaperonné.

Les limiers jappent sous l'arcade.
En selle, heureux chasseurs, allons!
Partez, volez, en cavalcade,
Par les coteaux, par les vallons!

Courez! le thym et la lavande
Parfument l'air pur du pays,
Et les bœufs jaunes dans la brande
Vous regardent tout ébahis.

A l'ombre du manoir, une ferme est assise,
Formant un carré vaste, enclos de toutes parts,

Où s'enferment le soir, de peur d'une surprise,
Les pasteurs, les troupeaux, les bouviers et les chars.

Les manants, accroupis près d'un feu de bruyère,
Attendent le souper en se chauffant les doigts,
Et tandis qu'au repas préside la fermière,
Un vieux pâtre leur dit les légendes des bois.

C'est la chasse des morts galopant à la brune,
C'est le fatal Bissestre assis au bord des eaux;
Les laveuses de nuit, tordant, au clair de lune,
Des langes d'enfants morts, tués dans leurs berceaux.

Chaque front se hérisse et chaque joue est blême.
L'auditoire est frappé d'une morne stupeur.
Le narrateur se signe; il croit aussi lui-même
A ces récits naïfs qui ne nous font plus peur.

Puis un batteur de blé, qui fut archer en guerre,
Raconte les combats et les assauts de nuit :
— Ayez soin de fermer la porte et la barrière,
Car les routiers sont fins et font leurs coups sans bruit!

Mais quand un voyageur, venant de terre sainte,
Vous demande un abri pour l'amour du Seigneur,
Logez le pèlerin sous votre toit sans crainte :
Ainsi que l'hirondelle, il lui porte bonheur.

> Si vous entendez encore
> Dans la plaine un chant sonore,

C'est lui; c'est le ménestrel !
Ami du plaisir, il chante
La ballade ou le sirvente
Devant le pont du castel.

Faites ouvrir, noble dame,
C'est lui qui réjouit l'âme.
Il vous dira tour à tour
La fière chanson de geste,
Le fabliau vif et leste,
Ou le tendre lai d'amour.

Jeune et douce est sa figure;
Il est gai; sa voix est pure,
Et ce qu'il dit charme tant!
La châtelaine soupire,
Ou bien se prend à sourire,
Gracieuse, en l'écoutant.

Mais le châtelain, dans l'ombre,
Jette un œil jaloux et sombre
Sur le chanteur inconnu.
Un matin, du beau poète
La harpe resta muette.....
Lui, qu'était-il devenu?

— « Ah! disait-on, tête folle!
Vif comme un oiseau qui vole,
Il s'en va sans dire adieu!..... »
Et nul ne s'en mit en peine.

Seule à part, la châtelaine
Soupirait et priait Dieu.

Noirs donjons! que de pleurs, de lugubres histoires,
De drames étouffés dans vos enceintes noires,
        Au fond de vos cachots dormants!
Vos corridors obscurs ont des trappes muettes;
On retrouve, en fouillant vos mornes oubliettes,
        D'épouvantables ossements.

Certes, pour le seigneur qui n'y faisait pas faute,
Il était beau d'avoir justice basse et haute
        Sur les villages d'alentour;
De punir le coupable, ayant Dieu seul pour juge;
De protéger les siens, de leur donner refuge,
        A l'abri de sa forte tour.

Mais parfois, enivré de sa toute-puissance,
Le suzerain félon opprimait l'innocence,
        Au lieu d'en être le vengeur;
Débauché, tyrannique, avide de pillage,
Avec les malandrins il allait au passage
        Assassiner le voyageur.

Aussi le grand donjon et ses tours séculaires,
Qui, des Anglais jadis défiant les colères,
        Des assauts s'étaient fait un jeu,
Entendirent un jour le chant des funérailles;
Les pâles huguenots assaillaient ses murailles
        Avec le fer, avec le feu.

C'est la nuit! écoutez ces clameurs d'épouvante.
« Au feu! » la ferme brûle, et la flamme mouvante
    Rougit les murs du château fort;
Aux assaillants répond la trompette guerrière,
Et de chaque créneau, de chaque meurtrière,
    Jaillissent le plomb et la mort.

Les laboureurs ont fui dans la forêt prochaine;
Ils regardent tremblants cette clarté lointaine
    Qui les pénètre de terreur.
Les bœufs et les moutons, étouffés dans l'étable,
Mêlent, en expirant, leur plainte lamentable
    Aux cris du soldat en fureur.

Le château tient longtemps; longtemps le canon gronde;
La brèche s'élargit! une foule l'inonde,
    Montant toujours comme la mer.
Entendez-vous crier les enfants et les femmes?
La mort ne connaît rien, tout succombe, et les flammes
    Brûlent ce qu'épargna le fer.

Quand le jour éclaira la plaine inanimée,
Le donjon vomissait une sombre fumée;
    Vaincu, mais encor menaçant,
Et comme un cœur altier qui succombe avec rage,
Le géant foudroyé, dégoûtant de carnage,
    Semblait verser des pleurs de sang.

Le verra-t-on jamais sortir de ses ruines?
Inutile fardeau pesant sur les collines

Où régnèrent ses possesseurs,
Ira-t-il s'écroulant chaque jour pierre à pierre?
Non! le sort lui réserve une insulte dernière,
    Le marteau des démolisseurs.

Nid d'aigle dévasté, ton sort fatal me navre.
Cessez, vils insulteurs, d'outrager un cadavre,
    Respectez un grand souvenir!
Un noble fils des preux arrête les vandales,
Il rend à Romefort ses splendeurs féodales,
    Et le consacre à l'avenir.

Ses murs sont dépouillés de la ronce et du lierre,
Ses créneaux raffermis ont revu la lumière;
    Il domine au loin l'horizon;
L'ardoise monte en pointe et couronne son faîte;
Au-dessus de l'épi tourne la girouette,
    Partout brille le vieux blason.

Baissez le pont-levis et relevez la herse!
Varlets, sonnez du cor! votre maître traverse
    La cour et le porche sculpté,
Et sa maison l'accueille, et la cloche l'appelle,
Pour rendre grâce à Dieu dans la vieille chapelle...
    Romefort est ressuscité!

PRIÈRE

DE SAINT BERNARD

Souvenez-vous, très-pure et très-sainte Marie,
    De ce qu'on nous a dit toujours :
Que jamais ici-bas une âme qui vous prie
    Et vous appelle à son secours,
Jamais un affligé, réclamant vos suffrages,
    N'est demeuré dans l'abandon !
J'accours, je viens à vous, souillé de mes outrages,
    Par vous implorant mon pardon.
C'est moi ; c'est votre Enfant, ô Vierge toujours Vierge,
    Dont l'espoir suprême est en vous !
J'abhorre mes péchés, dont le flot me submerge ;
    J'embrasse en pleurant vos genoux.
De vous, pour nous sauver, Dieu même a voulu naître,
    Marie, écoutez nos aveux ;
Montrez-vous notre mère et, jusqu'au divin Maître,
    Portez nos larmes et nos vœux !

SOIS HEUREUSE

A MARIE DÉSIRÉE

Sois heureuse, ô toi que j'aime !
Que la bonté du Seigneur
Dans ton chemin toujours sème
L'espérance et le bonheur !
S'il est une source pure,
Un ruisseau dont le murmure
Donne la paix sans l'oubli,
Que Dieu lui fraye un passage,
Jusqu'à tes pieds, sous l'ombrage,
Sur un gazon amolli !

S'il est un bosquet de roses,
De lilas et de jasmins,
Aux fleurs tour à tour écloses
Et parfumant les chemins ;
Que dans ces vertes retraites
Dont les parures secrètes
Pour toi seule renaîtront,
Ces fleurs, odorant nuage,
Dont le vent fait un orage,
Ne pleuvent que sur ton front !

S'il est, dans le ciel, un ange,
Espoir du cœur attristé,
Dont le divin regard change
Le deuil en félicité;
Que vers ton front il se penche,
Comme un vase d'où s'épanche
Un flot d'ivresse et de foi!
Que ses ailes d'or te couvrent,
Et que ses lèvres s'entr'ouvrent,
Pleines de baisers pour toi!

S'il est une amour divine,
Dont les sentiments pieux
Font palpiter la poitrine
De plaisirs délicieux,
Amour qui, venant d'éclore,
Fut sainte comme l'aurore
D'un jour que Dieu bénira;
Cette tendresse parfaite,
Que pour toi les cieux ont faite,
Mon cœur te la gardera.

SPERA SEMPER

O NUIT ! nuit radieuse et pure,
N'as-tu donc plus d'espoir pour moi ?
Mon cœur est triste, et la nature
Semble répondre à mon émoi.

L'onde qui roule fugitive
Semble un soupir mystérieux ;
La fleur se fane sur la rive ;
L'étoile pleure dans les cieux.

« Hélas ! dit chaque humide goutte
Que le fleuve entraîne en passant,
Qui m'arrêtera sur la route
De l'abîme où je vais glissant ? »

« Hélas ! dit la fleur inclinée
Sur le miroir des flots dormeurs,
Ai-je donc fini ma journée ?
Ai-je donc vécu, moi qui meurs ? »

« Hélas ! dit l'étoile qui passe,
A sa sœur la reine des nuits,
Je voudrais luire et je m'efface,
Je voudrais aimer et je fuis ! »

Et cependant, que Dieu l'ordonne!
La goutte d'eau, perle demain,
Sur les fleurons d'une couronne
Éblouira le genre humain.

Qu'autour de la fleur qui se fane,
L'ambre coule et soit incrusté,
Au sein de cet or diaphane,
La fleur vivra l'éternité.

Que Dieu, de sa main qui féconde,
Donne à l'astre son point d'appui;
Il sera le centre d'un monde,
Il aura ses astres à lui.

O vous serez la perle fine,
Onde que l'eau brise en son cours!
Pâle fleur que la brise incline,
Vous aussi vous vivrez toujours!

Pour votre bonheur qui se voile
Luira le moment du réveil;
Espérez encor, blanche étoile,
Demain vous serez un soleil!

A UN PÈRE

QUI VA MARIER SA FILLE

A BREUVE bien ton cœur à cette source amère;
　　Bois ce poison délicieux;
Savoure du regard ton ardente chimère,
　　Comme un damné qui voit les cieux!

Contemple cette enfant, ton bonheur et ta joie;
　　Réjouis-toi bien de la voir;
Car c'est pour peu de temps que le ciel te l'envoie.
　　Aime et souffre, cœur sans espoir!

Doux esprit, frais sourire, aimable causerie,
　　Elle a tout ce qui peut charmer.
Tu la vois, tu l'entends, adorable et chérie :
　　Tu l'aimes; hâte-toi d'aimer!

Tu lui fais en toi-même un divin sanctuaire,
　　Et sur un trône tu l'assieds;
Tu placerais ton front courbé dans la poussière,
　　Comme un escabeau sous ses pieds.

Il ne te suffit pas de toute ta tendresse,
  Tu voudrais prodiguer ton sang,
Pour un sourire d'elle, un mot qu'elle t'adresse,
  Pour un seul regard caressant ;

Eh ! bien ; quelque inconnu, bientôt, demain peut-être,
  Viendra tout à coup la saisir.
Il lui parlera haut ; car il sera son maître,
  Et la forcera d'obéir.

Il ne comprendra pas cette frêle nature.
  Fier de lui-même et triomphant,
D'un souffle il éteindra cette âme ardente et pure.
  Pauvre père ! hélas ! Pauvre enfant !

A RONSARD

POUR L'INAUGURATION DE SA STATUE,

A VENDOME,

Le 23 Juin 1872.

(Les vers en italiques sont tirés presque textuellement des
poésies de Ronsard.)

JE t'offre mon hommage, ô poëte! ô prophète!
Qui, depuis trois cents ans, attendais cette fête;
Pourtant je te salue avec un triste orgueil;
Car ce fut en des jours assombris par le deuil
Que tu naquis, Ronsard! — *Dieu te prêta la vie*
L'an que François Premier fut pris devant Pavie.
Mais la Muse, en venant poser, du haut du ciel,
La flamme sur ton front, sur tes lèvres le miel,
Muse de Poësie et Muse d'Espérance,
Te donna tant d'amour, tant d'âme, que la France
T'acclama son poëte et son consolateur!
Tes Odes de Tyrtée atteignaient la hauteur;
Tes Sonnets amoureux faisaient pâlir Pétrarque;

La cour applaudissait tes Hymnes, le monarque
Les récitait, le peuple apprenait tes Chansons;
Le soldat retrouvait l'honneur à tes leçons;
Il marchait en avant, et, *navré pour son prince,*
Tomboit, poitrine ouverte, au seuil de sa province.
Ta gloire était un roc au bord des Océans,
Quand ce nain monstrueux qui s'acharne aux géants,
L'Envie, osa saper le granit de ta base,
T'envahit, te souilla, t'engloutit dans sa vase,
Et crut dans le néant t'avoir enseveli.
Après l'insulte, après l'affront, venait l'oubli;
Et pendant trois cents ans, pas même une pensée
Ne consola ton ombre auguste et délaissée.....

Miracle! il est debout le chantre souverain :
Il revit dans son œuvre, il renaît dans l'airain!
Irvoy nous l'a rendu : sur son front qui s'allume,
Le laurier d'or! au flanc, la dague! en main, la plume!
Tel il apparaissait à la cour des Valois,
Leur récitant ses vers comme on dicte des lois.
L'Europe s'étonnait, et la France en ruine
Se levait renaissante à cette voix divine :
« *Vous, guerriers,* disait-il, *soldats vaillants et preux,*
Vous, seigneurs, qui portez un cœur chevaleureux,
Que chacun à la mort fortement s'abandonne.
Sauvez notre pays! redressez la couronne!
Redonnez-nous la gloire, et d'un bras indompté,
Combattez pour la France et pour sa liberté!
Et ce pendant qu'aurez le sang et l'âme vive,
Ne souffrez qu'elle tombe en misère captive!... »

Ronsard, nous étouffons sous le pied du vainqueur.
Qui nous rendra ta voix? Qui nous rendra ton cœur?
Ton cœur pour déplorer la guerre et la discorde,
Ta voix pour demander à Dieu miséricorde,
Pour redire au pays coupable, mais martyr,
Après l'hymne des pleurs, le chant du repentir.
Que ton bronze nous parle et nous soit un exemple!
Si tu rentres vengé comme un dieu dans son temple,
Trois siècles tout entiers n'as-tu pas attendu,
Proscrit et dépouillé du rang qui t'était dû,
Que la Patrie enfin t'apportant son obole,
Sur ton front insulté rallumât l'auréole,
Et que tes magistrats et tes concitoyens
Se fissent des lauriers en relevant les tiens;
Car ce sera l'honneur éternel de Vendôme
De t'avoir fait justice et rendu ton royaume!
Nous, Français, qui portions naguère un front si haut,
Comme toi patients, attendons; il le faut!
Attendons dans le deuil, le travail, la prière,
Que la grande blessée, autrefois la guerrière,
La France, ait reconquis sa force et sa vertu.
Elle a revu Pavie et son clairon s'est tu!...
Mais si de sa hauteur Dieu l'a fait redescendre,
Quelque part un vengeur est éclos de sa cendre.
Il palpite déjà le poëte immortel
Qui de sa majesté relèvera l'autel.
Dans cet autre Ronsard c'est toi qui te réveilles,
Toi, qui, de l'avenir saluant les merveilles,
Chanteras sa grandeur et la feras fleurir;
Car la France ni toi vous ne pouvez mourir!

LE CLOCHER

A PEINE hors de terre,
Là-bas, ce clocher bleu
De notre monastère
Indique le milieu.

Il est humble et modeste,
Comme toi Dieu si doux,
Dont la bonté céleste
S'abaisse jusqu'à nous.

Mais quand je vais au cloître
Qui m'appelle et m'attend,
Mon clocher semble croître
Et va toujours montant.

Ainsi, plus on s'avance
A tes pieds, Dieu vainqueur,
Plus ta grandeur immense
Anéantit le cœur.

Lui, de la sainte extase
Signe matériel,
Quand on touche à sa base,
De sa croix touche au ciel.

MÉTEMPSYCOSE

A LA FIANCÉE DE MON FILS

L'INDE, ce vieux pays des penseurs et des sages,
Croit qu'en des corps divers notre âme a palpité;
Qu'elle monte et grandit par la suite des âges,
Et, devant toujours vivre, a toujours existé.

Il serait doux de croire à la Métempsycose,
Et ce rêve enchanté quelquefois m'a souri.
Dans les temps primitifs vous étiez une rose;
J'étais le vieux rocher qui vous servait d'abri.

Plus tard vous deveniez une colombe blanche.
J'étais l'arbre agrafé sur les coteaux penchants.
Vous posiez votre nid sur ma plus haute branche,
Et mon feuillage épais s'égayait à vos chants.

Au siècle des pasteurs, vous fûtes la gazelle,
La gazelle élégante aux pieds vifs, aux yeux doux;
Alors, j'étais le chien vigilant et fidèle
Qui vous garantissait des chacals et des loups.

Aujourd'hui même encor vous gardez quelque chose
Des êtres où votre âme a jadis habité :
L'œil pur de la gazelle, et le teint de la rose,
Le cœur de la colombe et sa fidélité.

Et dans notre chemin quand vous êtes venue,
Souriant à mon fils comme un ange gardien,
Mes yeux se sont ouverts; je vous ai reconnue;
J'ai du cycle rompu rattaché le lien.

Vous que j'avais perdue et que j'ai retrouvée,
Vous avez agrandi mon amour paternel;
Vous êtes mon enfant et ma fille rêvée;
Votre âme l'a promis aux pieds de l'Éternel.

En vous voyant unie au cœur qui vous adore,
Je vous bénis tous deux dans un amour pareil.
Vous ferez resplendir un reflet de l'aurore
Sur les rayons pâlis de mon dernier soleil.

Décembre 1872.

LE CHATEAU DES TEMPLIERS

Au murmure de la cascade,
Montons à travers les halliers,
Parmi les rocs, à l'escalade,
Jusqu'au château des Templiers.
Déjà là-haut, sur la montagne,
J'aperçois le donjon bruni;
Sa croix domine la campagne
Et s'élance vers l'infini.

Marchons encor, parmi les seigles;
Marchons sous le ciel gris ou bleu.
Il était là, le nid des Aigles
Qui gardaient le tombeau de Dieu.
Je veux toucher du pied leur aire;
Je veux m'incliner à l'autel,
Où priaient ces hommes de guerre,
Que brûla Philippe-le-Bel.

Salut à vous, sombres ruines,
Murs croulants, terribles prisons!
Vos blocs commandent les collines,
Jusqu'aux bleuâtres horizons.

Jadis, quand ils portaient les armes,
Les fiers vainqueurs des mécréants,
On ne passait pas sans alarmes,
Au pied de ces créneaux géants.

Aujourd'hui, terribles victimes,
Dans le trépas vous dormez tous,
Et les grands aigles, sur vos cimes,
Sont remplacés par les hiboux.
Votre glaive et votre cuirasse
Ne défendront plus le saint lieu;
C'est un manant qui vous remplace
Et dîne auprès de votre feu.

Dans la hautaine citadelle,
Où veillaient des hommes de fer,
Le bœuf mugit, le mouton bêle,
L'odeur du foin parfume l'air,
Et la compagne vigoureuse
Du laboureur au cou hâlé
Suspend à sa mamelle heureuse
Un enfant rose et potelé.

L'Ardoisière, près Vichy, août 1871.

INVOCATION DANS L'ORAGE

Ils s'avancent, les noirs orages!
Leurs tumultueux tourbillons
Courbent, dans leurs puissantes rages,
L'arbre comme un blé des sillons.

Avec les branches fracassées,
Avec les feuilles dans les airs,
Je fuis, sur l'aile des pensées,
Jusqu'aux nuages gros d'éclairs.

Seigneur! quelle terrible guerre
A troublé le calme des cieux?
Pourquoi ce fracas du tonnerre
Et ces éclairs silencieux?

Pourquoi, livrés au vent qui gronde,
Ces nuages voilés d'horreur,
Semblent-ils passer sur le monde,
Comme des anges de fureur?

Quelle est donc la fière victime
Que vous châtiez aujourd'hui?
Quel est le front assez sublime
Pour que vous tonniez contre lui?

Peut-il être une créature
Si grande devant vous, mon Dieu,
Que vous creusiez sa sépulture
Par ces rouges sillons de feu?

Dieu fort! sans peur je vous admire,
Tandis que l'univers entier
Subit en tremblant votre empire,
Esclave qu'on va châtier!

Tandis que la sombre tempête
Gronde et rugit autour de moi,
Rempli d'une vigueur secrète
Je marche appuyé sur la foi.

Pourquoi, Seigneur, lorsque tout plie
De l'herbe au chêne foudroyé,
A vos pieds quand tout s'humilie,
L'homme seul n'a-t-il pas ployé?

Devant ces triangles de flamme
C'est qu'il vous voit, c'est qu'il vous sent.
Il écoute, au fond de son âme,
L'écho du concert tout-puissant;

Et quand l'arbre, en sa frêle écorce,
S'est courbé sous votre courroux,
Si l'homme s'exalte en sa force,
C'est que son âme vient de vous.

LA DOULEUR DE MILTON

O loss of sight of thee I most complain !
Blind among ennemies.

MILTON. *Samson.*

G UIDE du vieil aveugle, arrêtons-nous ici.
L'air plus vaste et plus pur paraît s'être éclairci ;
Il me semble, aux rayons qui baignent mon visage,
Que l'astre des jours plonge en un ciel sans nuage.
L'haleine du printemps éveille sous mes pas
Le frais parfum des fleurs que je n'aperçois pas ;
Ce chemin est couvert d'une herbe épaisse et douce ;
Je veux me reposer encor sur cette mousse,
Qui peut-être demain couvrira mon sommeil,
Et ranimer ma vie aux baisers du soleil.
Je respire !... je sens, tout pénétré de flamme,
Le doux repos du corps : que n'en est-il pour l'âme ?
Où sont-ils ? où sont-ils, les jours de tendre émoi
Où le soleil de Naple étincelait pour moi,
Où je chantais, au bord des eaux de Blandusie :
« Allons, éveille-toi, ma jeune poésie,

» Reine de mes espoirs, étoile de mon ciel,
» Mon dernier bien trouvé, mon délice éternel !
» Allons, éveille-toi ! le matin se colore,
» La campagne sourit et nous appelle encore ;
» Le temps fuit ; nous perdons les prémices du jour ! »
Et le jour rayonnait dans mes yeux pleins d'amour,
Et l'aurore montait sur ses ailes dorées,
Semant les sentiers verts de perles érythrées.

Et maintenant que suis-je ? ô regrets du passé !
Quand ferez-vous la paix avec ce cœur lassé ?
Et toi, le premier né, toi, le plus grand peut-être
Des biens que l'Éternel en six jours a fait naître,
Lumière, pour jamais éteinte dans mes yeux !
Avec toi, les beautés de la terre et des cieux,
L'aspect consolateur de la sainte nature
Ont disparu pour moi, fragile créature.
Plus vil qu'un ver qui rampe abject entre les vers,
Je suis au dernier rang dans ce vaste univers.
Si le ver rampe, il voit ; et j'étouffe dans l'ombre !
Toujours, que le ciel brille, ou que la nuit soit sombre,
Toujours l'obscurité, partout l'obscurité,
L'obscurité profonde au sein de la clarté ;
La vue à tout jamais est sans espoir éteinte !

O toi, première aurore, et toi, parole sainte :
« Que la lumière soit, et la lumière fut ! »
Pourquoi me laissez-vous hors la loi de salut ?
Pourquoi, si voir c'est vivre, et si l'âme incréée
Est la lumière aussi, la lumière sacrée,

6

Pourquoi, lorsque notre âme est partout dans nos corps,
Le regard, par lequel l'âme vit au dehors,
Le regard, ce rayon du ciel en notre argile,
Fut-il donc renfermé dans ce globe fragile,
Dans cet œil qu'un seul coup peut rompre ou détacher,
Et non épars en nous, ainsi que le toucher,
Pour que l'homme pût voir à travers chaque pore ?
Je ne serais pas seul exilé de l'aurore,
Aveugle, enseveli dans ma nuit et mon deuil,
Comme un homme vivant qu'on mettrait au cercueil !
Et que dis-je ? ô douleur ! ô sort plein d'épouvante !
C'est moi qui suis ma tombe..... une tombe vivante !

Enterré, mais non pas délivré par la mort
Des outrages de l'homme et des tourments du sort,
Quand je marche, j'entends partout sur mon passage
S'élever, sans respect pour mes maux, pour mon âge,
Les sarcasmes moqueurs et les amers souris :
Le vieux républicain n'a droit qu'à des mépris.
Ils arment contre moi les âmes enfantines.
Ces enfants m'aimeraient, et leurs voix argentines
M'appellent de bien loin avec un ris cruel :
« Milton le régicide et l'ami de Cromwell ! »

O retours de fortune ! ô déplorable histoire !
Ils tournent en affront tout ce qui fut ma gloire.....
Mais que m'importe, enfin, ce que disent ou font
Ces hommes entraînés vers un néant profond,
Et ce siècle pour qui la mort déjà commence,
Goutte d'eau suspendue au bord du vase immense

D'où, sous la main de Dieu, coule l'éternité!

O poésie, enfant de la divinité,
C'est à toi seule, à toi que mon âme se livre!
Par toi j'aime, je vois, je recommence à vivre :
Viens! ouvre-moi le ciel; puis, dans ton vol de fer,
Fouille l'ombre visible où s'allonge l'enfer.
Dis quel serpent impur, en leur état prospère,
Excita la blonde Ève et notre premier père
A transgresser la loi du divin Créateur.
Montre-moi de Satan la hideuse hauteur;
Satan, ruine sombre, à demi dévorée,
Qui, pendant neuf longs jours, de la voûte éthérée,
Tomba, de gouffre en gouffre, en l'abîme éternel,
Déchiré, confondu, brisé, mais immortel!

Que diront-ils un jour, les enfants de la terre,
Quand je leur rouvrirai cet Éden de mystère,
Par le soleil doré de rayons plus joyeux
Qu'un beau nuage au soir ou que l'arc pluvieux;
Quand ils verront mon Ève amoureusement belle,
Et le monde si beau s'effaçant devant elle;
Quand je leur montrerai, de la terre et des cieux,
Les charmes réunis en elle, dans ses yeux,
Remplissant tout Adam d'une joie inouïe,
Et sa grâce inondant la nature éblouie
De parfums pleins d'amour et de félicité,
De ces parfums divins qu'exhale la beauté!

Mais non! à quelle gloire osé-je donc prétendre,

Et qui s'arrêtera seulement pour m'entendre?
Je dirai sans écho ma joie et mes regrets,
Comme l'oiseau de Dieu perdu dans les forêts,
Qui jette au vent sa voix que nul mortel n'écoute.
Mes chants inentendus se perdront sur ma route,
Car personne ne suit mon funèbre chemin.....
Personne!... Ah! quelle main a rencontré ma main?
J'avais calomnié la puissance suprême!...
Ann! Mary! Deborah! mes chers enfants que j'aime,
Par vous j'existe encor. Quand j'entends votre voix,
Dans le fond de mon cœur je vous cherche et vous vois
Belles, pleines d'amour, ô mes anges sur terre!
Tant que vous aimerez l'aveugle solitaire,
Un sourire luira dans son œil épuisé,
Jusqu'à ce que son cœur soit tout à fait brisé!

LE MINEUR DE FALUN

1719

L E fourneau fume et le marteau résonne;
De l'atelier s'échappe un bruit d'airain.
   Un mugissement monotone
Éveille les échos du profond souterrain.

   Noirs ouvriers de la mine de cuivre,
Mortels courbés sous la terre des morts,
   Dans ce tombeau qui vous fait vivre,
Vous chantez, et vos voix s'élèvent au dehors.

   Lorsqu'il pénètre en ce ténébreux monde,
Le voyageur hésite, épouvanté,
   A l'aspect du travail qui gronde
Et du bruit qui se fait dans cette obscurité...

   Mais quoi! tout cesse et, sous l'immense voûte,
On n'entend plus que de sourds craquements,
   Ou qu'une eau filtrant goutte à goutte
Dans les derniers replis de ces gouffres dormants.

La mine aux entrailles de pierre
Vient de vomir à la lumière
Son peuple que l'ombre a blêmi,
Et ce bruit court de proche en proche :
« On vient, en creusant une roche,
D'y trouver un homme endormi.

» Aux profondeurs dont on l'amène
Personne, de mémoire humaine,
N'avait osé fouiller encor.
Le voilà! voyez sa figure
Jeune et belle, et sa chevelure
Qui se déroule en boucles d'or.

» On dirait, s'il n'était si pâle,
Qu'il respire encor. Son front mâle
N'annonce que vingt ans au plus.
Et pourtant, sombres destinées!
Qui sait depuis combien d'années
Il dort dans ces gouffres perdus? »

La foule des mineurs s'accumule et s'arrête.
Aucun n'a souvenir d'avoir vu cette tête.
Les femmes, les enfants s'empressent à leur tour;
Chaque fille, accourant des hameaux d'alentour,
Tremble que le beau mort ne soit celui qu'elle aime;
Personne cependant ne résout le problème.
Ce visage au contour charmant et régulier
Est de ceux que le cœur ne saurait oublier.

Comment, parmi la foule, aucun n'a-t-il un doute
De l'avoir une fois rencontré sur la route ?
Des cœurs les plus hardis l'effroi s'est emparé,
Et quelque vieux mineur, tout bas, a murmuré :

« On dit que, dans ces royaumes,
Où nous sommes parvenus,
Il est des guivres, des gnômes,
Des esprits et des fantômes,
Rois des trésors inconnus.

» Lorsqu'on vient à les atteindre,
Ils contiennent leur fureur.
Habiles dans l'art de feindre,
Ils montrent un être à plaindre
Au lieu d'un objet d'horreur.

» Peut-être, sous cette forme,
Se cache un monstre, en courroux,
Quelque nain à tête énorme,
Ou quelque Dragon difforme,
Prêt à s'élancer sur nous. »

La foule, à cette voix, se rejette en arrière.
L'horreur autour du mort élève une barrière,
Et dans un large vide il demeure étendu.
Mais soudain retentit un sanglot éperdu.
Une femme en haillons, qui vivait pauvre et seule,
Et de tout le village aurait été l'ayeule,

Tombe à genoux devant ce corps inanimé,
Qu'elle embrasse en pleurant. C'était son bien-aimé!
Ils s'étaient fiancés alors qu'elle était belle,
Et, depuis soixante ans, à son amour fidèle,
Quoiqu'il eût disparu sans un seul mot d'adieu,
Elle espérait en lui comme on espère en Dieu.
O contraste! la vie et ses douleurs tenaces
Sur elle avaient empreint de plus horribles traces,
Que, sur lui, le trépas et la nuit du tombeau.
La foule fut émue au douloureux tableau
De ce cœur presque mort renaissant aux alarmes,
Et de ces yeux vieillis versant de jeunes larmes :

« Est-ce là, disait-elle, est-ce là le retour,
    Que j'implorais, faveur dernière?
Pourquoi le Tout-Puissant, invoqué nuit et jour,
    A-t-il exaucé ma prière?

» Pendant soixante hivers, j'ai vécu, j'ai lutté,
    Par le désespoir poursuivie;
Quelquefois accusant ton infidélité,
    Quelquefois doutant de ta vie.

» Tandis que tu dormais dans ta jeunesse en fleur,
    J'ai vieilli dans un long martyre;
Mon visage est ridé par l'âge et la douleur;
    Toi, tu gardes ton gai sourire.

» J'ai porté sans appui le faix pesant du jour;
    Je meurs! La tombe soit bénie!

Dans ce lit nuptial, à toi, mon seul amour,
　　Je vais pour jamais être unie... »

Elle chancelle, et tombe, et de ses bras flétris
Embrasse le jeune homme. Un suprême souris
Dans ses yeux resplendit et s'éteint... Pauvre femme !
Elle avait au Seigneur déjà rendu son âme,
Que, sur le front du mort, elle semblait poser
Sa vie et son amour, dans un dernier baiser.

PIÉTÉ FILIALE

A MADEMOISELLE JULIETTE B.

ELLE coule sans bruit, la vie intérieure;
C'est un ruisseau caché que nul ne voit courir;
Mais, ici-bas, encor c'est la part la meilleure :
Moins on connaît le monde, et moins on doit souffrir.

Tel l'oiseau familier chante, heureux en sa cage,
N'ayant point essayé d'horizon plus vermeil.
Son bouquet de mouron lui paraît un bocage,
Et l'œil qui le surveille est pour lui le soleil.

Vous aimez, vous chantez, toujours pieuse et bonne.
Vous n'avez d'horizon que le toit paternel,
Et l'amour filial vous tresse une couronne,
Qu'en souriant d'en haut contemple l'Éternel.

Douce et calme, vivez, toute à la pure ivresse
De sentir sur vos yeux deux bouches s'appuyer,
Et d'entendre deux voix vous répéter sans cesse :
« Sois béni par nos cœurs, cher ange du foyer! »

HYMNE PENDANT L'AVENT

Statuta decreto Dei.

Voici venir le temps marqué par les prophètes,
Le temps que l'univers d'âge en âge attendit;
Voici venir le jour de la joie et des fêtes,
　　Le jour longtemps prédit!

Enfants déshérités d'un père trop coupable,
Sur le lit des douleurs souffrant un long remord,
Nous gisons, foule aveugle, inerte et misérable,
　　Dans l'ombre de la mort.

Comme un fruit corrompu qui vacille et qui tombe,
Du péché primitif portant le joug de fer,
Fils d'Adam, nous passons des terreurs de la tombe
　　Aux tourments de l'enfer.

Dans l'attente du Dieu, dans la crainte du juge,
Nos cœurs sont agités, nos yeux baignés de pleurs.
Hélas! où rencontrer le suprême refuge
　　Contre tant de douleurs?

Qui pourra, sur le mal, poser une main sûre?
Qui combattra la mort? Qui rompra son linceul?
Qui de l'humanité guérira la blessure?
    Toi, Fils de Dieu, toi seul!

Cieux, ouvrez-vous; versez les trésors de vos ondes,
Abreuvez les humains altérés de ferveur!
Toi, terre, épanouis tes entrailles fécondes,
    Et germe ton Sauveur!

LE PREMIER PAPILLON

A PEINE le gazon qui reverdit la terre
S'est étoilé de fleurs au doux soleil de mai ;
Papillon, où vas-tu, sur ton aile légère,
Où vas-tu, frêle enfant du printemps embaumé ?

Les branches d'amandier sont nouvelles fleuries,
　　L'hiver peut trahir notre espoir ;
La pervenche, au matin ouverte en nos prairies,
　　Se fane au vent glacé du soir.

Aussi beau que les fleurs, aussi fragile qu'elles,
De pourpre et d'or, tout fier de tes jeunes atours,
Tu te livres sans crainte aux zéphyrs infidèles,
Et crois que le soleil doit briller tous les jours.

Lorsque je suis de l'œil tes ailes nuancées,
　　Tes ailes, fleurs parmi les fleurs,
Je sens éclore en moi de suaves pensées,
　　Des songes aux fraîches couleurs.

Songes ainsi que toi voltigeant dans l'espace,
Libres ainsi que toi de soucis importuns,
Plongeant avec amour dans l'air tiède qui passe,
S'enivrant d'avenir, comme toi de parfums.

Fils ailé du printemps et de l'odeur des roses,
    Tu n'es pas l'inconstant plaisir,
Qui, sans foi ni pudeur, effleurant toutes choses,
    Vole de désir en désir.

Ta vie est un symbole, un gracieux mystère,
Rêve réalisé qu'on retrouve au réveil;
Ton aile est un rayon du ciel tombé sur terre,
Un souffle coloré d'un regard du soleil.

C'est l'emblème divin, c'est l'emblème de l'âme
    Qui me fait vivre et palpiter,
Qui, s'élançant vers ceux que ma tendresse enflamme,
    Même absents, ne peut les quitter.

Ame de feu, Psyché sainte et mystérieuse,
Parle de ma tendresse à ceux qui sont absents;
Va leur porter mes vœux, ma caresse pieuse,
Fais vibrer dans leur cœur l'écho de mes accents.

Vole, beau papillon, vole avec l'espérance,
    Vole au-devant de l'avenir;
Et dis-moi si tu vois, dans cet espace immense,
    Si tu vois le bonheur venir?

LETTRES DÉCHIRÉES

A MARIE DÉSIRÉE

Tu le veux! il le faut. Tes lettres adorées,
Je les embrasse avant de les anéantir.
En milliers de fragments les voilà déchirées;
Je suis au bord du fleuve; il va les engloutir.

Ces pages, que ta main, que ton cœur a tracées,
Pourquoi me défends-tu de les garder toujours?
Elles me racontaient ta vie et tes pensées;
Elles me témoignaient nos constantes amours.

Je t'obéis! le vent qui passe les emporte,
Ces débris échappés, loin de mes doigts tremblants,
Et, selon que la brise est plus faible ou plus forte,
Ils volent au hasard, légers papillons blancs.

Gardant quelque syllabe empreinte sur leur aile,
Ils vont, et si l'un d'eux pouvait me revenir,
Peut-être, en épelant cette trace fidèle,
Dans un mot du passé je lirais l'avenir.

Mais non! ils sont partis et, dans l'onde, en silence,
Retombent un par un les frêles fugitifs.
On dirait, à les voir, sur l'eau qui les balance,
Emportés au courant, mille petits esquifs.

Ah! si du moins le cours de la rivière lente
Les entraînait vers toi, je dirais : — « Hâtez-vous!
Fuyez ; portez là-bas, jusqu'aux pieds de l'absente,
Et mon cœur et ma vie et mes vœux les plus doux! »

Mais un léger fragment dans l'herbe du rivage,
Hésitant à partir, s'arrête encore un peu,
Et fait luire à mes yeux un souriant présage :
Il contient nos deux noms unis dans un adieu.

Puisse le temps de même, en nos brèves années,
Vers le port inconnu nous entraîner tous deux,
Au même frêle esquif livrant nos destinées,
Sous les cieux incertains, sur les flots hasardeux!

Puissions-nous vivre ensemble, ensemble disparaître,
Et dans le même instant, loin du monde agité,
Ensemble nous confondre aux pieds du divin Maître,
Réunis dans la vie et dans l'éternité!

6 août 1874.

LA CHANSON QUE J'AIME

Lucretia Dadvidson écrivit ces vers à 15 ans; elle en avait 17 quand elle mourut. Sa chanson préférée était l'*Adieu à la harpe*, de Thomas Moore.

Quand le voile du soir, tombant autour de nous,
    Couvre les cieux et les prairies;
Quand nul bruit n'interrompt ce repos triste et doux
    Et ne trouble nos rêveries;

Quand le flambeau des nuits est pur et glisse au loin
    Les réseaux blancs de sa lumière;
Quand ce calme sommeil dont le monde a besoin
    Plane sur la nature entière;

Quand mon âme est plus libre et monte avec douceur
    Loin du monde et loin de moi-même;
Prends ta harpe éloquente et chante-moi, ma sœur,
    Chante-moi la chanson que j'aime!

Chanson qui fait vibrer les fibres de mon cœur
    Ainsi que la harpe sonore;

7

O pleurs harmonieux! ô céleste langueur!
      Chante, ma sœur, ô chante encore!

Sacrilége celui qui chanterait le jour
      Cette hymne suave et sereine,
Qu'un ange sur son aile apporte avec amour
      Et parfume de son haleine.

Ma sœur, si tu survis pour me voir sommeiller
      Dans le champ du repos suprême,
N'y reviendras-tu pas, le soir, t'agenouiller,
      Et chanter la chanson que j'aime?

LE SOIR APRÈS L'ORAGE

Jusqu'au soleil couchant le jour fut orageux ;
Dans les airs, tantôt purs et tantôt nuageux,
Le vent se déchaînait ; l'eau tombait par rafales ;
Puis l'éclat du soleil, dans de bleus intervalles,
Soudain glissait brûlant et réchauffait les cieux ;
Puis revenaient l'orage et les vents pluvieux.

Voici le soir. Le ciel, lassé de la tempête,
S'éclaircit ; un rayon dore là-bas le faîte,
Des bois, des toits de chaume, et leurs vitraux étroits
Se parent tout à coup de la splendeur des rois.
Une goutte de pluie, au bout de chaque branche,
Scintille et tombe au vent quand le rameau se penche.
On dirait que l'été, comme un ami qui part,
Après les pleurs versés, se compose, avec art,
Pour l'instant des adieux, un sourire suprême,
Ce sourire menteur qu'on jette à ceux qu'on aime,
En feignant de partir avec moins de douleurs,
Ce sourire contraint, plus amer que les pleurs.

Non! dans tes changements, ô nature sereine,
Tu ne t'attristes pas! Quand d'un manteau de reine
L'Éternel t'a vêtue, il t'a dit son secret;
Et si je crois te voir répondre à mon regret,
C'est que je te contemple à travers l'âme humaine,
L'homme, hélas! soucieux du but où Dieu le mène,
L'homme incertain du jour n'ose dire : « A demain! »
Toi, dans ta majesté, tu poursuis ton chemin.

Le vallon vert encor joyeusement végète ;
L'écho s'égaie et rit au son de la clochette
Du troupeau qui revient; la chanson du berger
S'élève des vallons, jouet du vent léger ;
Puis le rire éclatant de quelque villageoise,
Puis l'Angelus qui tinte au vieux clocher d'ardoise.
Un mélange lointain de bêlements, d'abois,
De ruisseaux murmurants, de brises dans les bois,
Tous ces bruits confondus forment des harmonies,
Qui vont affaiblissant leurs gammes infinies,
Pour assortir les tons de l'hymne universel
Aux vapeurs dont le soir enveloppe le ciel.

Au jour éteint la nuit succède monotone;
Dans l'air, pour un instant, la phalène bourdonne.
J'entends le cri plaintif de l'orfraie, un oiseau,
Qui s'éveille et qui tremble au fond d'un arbrisseau,
Les aboiements d'un chien qui montent dans l'espace,
Enfin le pas tardif d'un laboureur qui passe...
Et la dernière brise emporte un dernier bruit.

Chaque étoile à son tour éclose, aux cieux reluit;
Tandis que, dans le fond du vallon solitaire,
Une lampe s'allume, étoile de la terre.
Mon regard s'y repose, et, par la nuit déçu,
Croit toucher le rayon tout là-bas aperçu.

Tel, en nos jours éteints qu'envahit l'oubli sombre,
Quelque point lumineux survit et perce l'ombre.
On le voit, on le touche et, du fond du passé,
Il brille, souvenir tendrement caressé.
Souvent bien des vallons, dans la nuit incertaine,
S'espacent entre nous et la lueur lointaine;
Mais l'œil de la pensée, avec tranquillité,
S'arrête et se complaît à sa douce clarté.

L'ASILE

A MADAME STÉPHANIE GEOFFROY-St-HILAIRE

Dans ce livre éternel, ce divin Évangile,
Aussi grand de pensers qu'il est humble de style,
Livre que Dieu dicta, que les saints ont écrit,
Un passage entre tous m'enchante et m'attendrit.
C'est quand Jésus remarque, à travers cette foule,
Empressée à le suivre, ainsi qu'un flot qui roule,
Des enfants apportés pour qu'il pût les toucher,
Qu'un trop zélé disciple empêchait d'approcher.
Il s'écrie; il s'indigne autant que d'une offense :

— « Laissez, dit-il, laissez venir à moi l'enfance;
Faites place aux petits; le royaume des cieux
Appartient aux humains qui ressemblent le mieux
A ces faibles enfants qu'on repousse et que j'aime. »
Sur leurs fronts, Jésus-Christ pose sa main suprême,
Cette main qui rendait aux lépreux la santé,

Aux aveugles, aux sourds, l'ouïe et la clarté,
Cette main qui, brisant même la tombe avare,
Du linceul déchiré faisait sortir Lazare.

Quel spectacle sublime en sa naïveté,
De voir ce Dieu sauveur, voilant sa majesté,
Imprimer sur le front de l'enfance innocente
L'ineffaçable sceau de sa main bénissante,
Sourire à ces regards, se complaire à ces voix,
Qui bégayaient son nom pour la première fois.
Ces enfants dont Jésus baisait les têtes blondes,
A qui, dans sa bonté, le Rédempteur des mondes
Prodiguait son amour et promettait le ciel,
Ce n'étaient pas les fils des riches d'Israël,
Bercés par la mollesse et la sollicitude;
Mais ceux que l'esclavage ou la pauvreté rude
Élevait pour la peine et pour le dur travail,
Agneaux derniers venus, le rebut du bercail :
— « A ceux-là, disait-il, tâchez d'être semblables;
Aimez-les d'autant plus qu'ils sont plus misérables;
C'est moi qui vous le dis; leurs anges radieux
Sont éternellement devant mon père aux cieux;
Dans sa majesté sainte ils le voient face à face.
Or quiconque ici-bas s'humilie et s'efface
Au royaume d'en-haut prendra le premier rang;
Le plus petit de tous deviendra le plus grand. »

C'est toi, Maître divin, dont la voix, les préceptes
Ont inspiré les cœurs de ces humbles adeptes,

Qui recueillent l'enfant du pauvre demi-nu,
En disant à chacun : — « Entre ! et sois bienvenu.
Cet asile est le tien. D'abord, d'une voix haute,
Commence par prier le Seigneur Dieu ton hôte.
C'est lui qui t'a créé; l'aimer est ton devoir;
Bénis-le, pour qu'un jour il t'admette à le voir.
Aime aussi tes parents; pour devenir bon père,
Il faut être bon fils; tu le seras, j'espère.
Puis nous travaillerons. Le travail, c'est la loi !
Sois donc sage, apprends bien. Quelle gloire pour toi,
Quand, plus fort et plus grand, travailleur économe,
Tu gagneras ton pain toi-même et seras homme !
Ton père qui, pour toi, se fatigue aujourd'hui,
Sera vieux; deviens apte à travailler pour lui. »

Ainsi dans leur bonté, pour se faire comprendre,
Au niveau de l'enfant ils aiment à descendre,
Puis, d'un pas insensible avec lui s'élevant,
A la hauteur de Dieu font remonter l'enfant,
Et l'enfant comprend Dieu !... C'est que l'âme enfantine
Depuis si peu de temps sort de la main divine,
Que, dans son enveloppe, elle doit retenir
Du ciel qui la créa le vague souvenir.
Sa vie est sans péché, son visage sans ride.
L'ange qui, de là-haut, la surveille et la guide,
D'aucun crime commis ne ressentant l'affront,
Jamais avec douleur ne s'est voilé le front.

Enfants, conservez bien le dogme salutaire,
Ainsi qu'un grain semé dans une bonne terre !

Soyez heureux longtemps; riez, jouez, chantez !
Le destin nous a pris tant de prospérités,
Il a sur notre tête amassé tant d'orage,
Que nous paîrions bien cher le calme de votre âge.

Mais par malheur l'asile, indigent, trop étroit,
Doit refuser bien plus d'enfants qu'il n'en reçoit.
La Charité divine, aux mamelles taries,
En vain gémit, en vain nous tend ses mains flétries,
Et, si nous n'adoptons tous ces abandonnés,
Ils sont dès leur naissance à souffrir condamnés.
Ne les délaissons pas, ceux que notre œil rencontre
Pareils au voyageur que Jésus-Christ nous montre
Égorgé par le fer de larrons inhumains,
Dépouillé, demi-mort, gisant sur les chemins.

Vous vous en souvenez : Un rabbin sur la place
Arrive, entend gémir le malheureux, et passe.
Un lévite à son tour, descendant du Thabor,
Entend le malheureux gémir, et passe encor.
Par le même sentier, venant de Samarie,
Un homme à cet aspect se sent l'âme attendrie;
Il court et, déchirant sa tunique de lin,
Bande la plaie, y verse et de l'huile et du vin,
Puis, non content d'avoir refermé la blessure,
Il met l'infortuné sur sa propre monture,
Le conduit à son hôte, en disant : — « Veille bien
Sur mon frère blessé. Qu'il ne manque de rien !
Ces trois deniers d'argent te suffiront, je pense;
S'il faut plus, au retour je paîrai la dépense. »

Cet hôte qui reçoit le voyageur blessé,
C'est l'asile! l'asile où l'enfant délaissé,
Assailli par les maux qu'entraîne la paresse,
Par le vice fatal à sa frêle jeunesse,
Trouvera le savoir, le soin consolateur,
Les jeux et la prière aux pieds du Créateur,
Le précepte et l'exemple enfin, ces deux dictames
Destinés à guérir les blessures des âmes.

Pour que dans sa candeur il ne soit pas détruit,
Cet enfant, chaste fleur, qui doit produire un fruit,
Venons à son secours! — Dans Paris, au passage,
Souvent nous rencontrons l'enfant au doux visage,
Hélas! déjà flétri, pâle et baigné de pleurs.
Soyons compatissants pour ses jeunes douleurs.
Ne nous détournons point... Osons d'une main sûre
Relever le malade et panser la blessure;

Car Jésus dit encor : — « Toi qui m'as demandé
Ce qu'il faut faire, afin qu'il te soit accordé,
En aimant Dieu, d'atteindre à la vie éternelle,
Médite le récit que je t'offre en modèle.
Va! si tu l'as compris, tu n'es plus incertain :
Agis ainsi qu'a fait le bon Samaritain. »

AU POÈTE AGRESTE

ACHILLE MILLIEN

Vous aimez la verte nature
Et le calme animé des bois.
Sous leur ondoyante ramure,
Pour vous, la brise qui murmure
A de mystérieuses voix.

Quand le premier zéphyr se glisse
Sur les fleurs roses des buissons,
Vous entendez avec délice
Un léger Sylphe, en leur calice,
Chanter de suaves chansons.

Au bord de la source argentine
Où l'herbe se mire dans l'eau,
Vous voyez la bleuâtre Ondine,
Qui roule, d'une main lutine,
Les cailloux polis du ruisseau.

Vous saisissez jusque sous terre
Des chants de nul autre entendus ;
Soupirs du Gnôme solitaire
Qui, dans les bois avec mystère,
Garde les vieux trésors perdus,

Partout, aux forêts, sur la grève,
Dans l'onde, la terre et les cieux,
Évoquant ces enfants du rêve,
Troupe aimable qui vous enlève
Dans un monde mystérieux.

Pour vous chaque herbe cache un drame ;
Tout se transforme à chaque pas ;
A travers un prisme de flamme,
Vous voyez, dans chaque être, une âme
Que le vulgaire n'y voit pas.

Et moi, dans votre poésie,
Dans vos chants toujours purs et frais,
Je respire, à ma fantaisie,
Des fleurs l'odorante ambroisie,
J'écoute le bruit des forêts.

Chaque vers, qui s'enlace et penche
Dans cet harmonieux faisceau,
Me semble une ondoyante branche
Où luit mainte fleur rose et blanche,
Où gazouille maint nid d'oiseau.

Balancé par leur mélodie,
Je songe aux riantes couleurs
Des pommiers de ma Normandie,
Berçant à la brise attiédie
Leurs rameaux parfumés de fleurs.

Oh! faites-moi rêver encore!
Faites-moi me ressouvenir,
Aux chants de votre voix sonore,
Que bientôt les fleurs vont éclore,
Que le printemps va revenir.

DANS UNE CHAUMIÈRE

IDYLLE

C'EST un étroit vallon, que deux coteaux en pente
Resserrent; un ruisseau lentement y serpente.
Sous les saules touffus, sous les grands peupliers
Qui voilent de fraîcheur ses bords irréguliers,
On entend du moulin la note monotone,
Le taureau qui mugit, la clochette qui sonne,
Le pâtre au loin qui chante en gardant ses troupeaux,
Bruits légers et charmants plus doux que le repos.
Les aunes inclinés, sous leur verdoyant dôme,
Laissent apercevoir un pauvre toit de chaume,
Toit heureux, maintenant habité par l'espoir !
Mille rires joyeux y résonnent le soir;
Le jour on voit flotter de bleuâtres fumées
Sur le faîte, où les fleurs, par la brise animées,
Se balancent au vent souriantes à l'œil.
Toit heureux !... l'an dernier plein de pleurs et de deuil !

Là vivait un vieillard, et près de lui sa femme
Végétait seulement, car dans cette pauvre âme
Tout s'était fait obscur. L'âge, ce lent poison,
En épargnant sa vie, avait pris sa raison ;
Mais de ce cœur sans fiel la folie était douce.
Elle aimait à s'asseoir au soleil sur la mousse,
Et là, chantant des airs que l'écho répétait,
Tour à tour s'étonnant de l'écho qui chantait,
Tour à tour reprenant sa chanson suspendue,
Elle usait sa journée, et la nuit descendue
La trouvait souriante, et le naissant matin
Mettait à ce front vieux un sourire enfantin.

L'époux, soldat jadis, était un homme austère,
Qui, malheureux toujours, avait toujours su taire
Ses douleurs, et, gardant un visage serein,
N'avait que dans le cœur les rides du chagrin.

Or un jour il ne put se lever de sa couche ;
La souffrance muette avait crispé sa bouche,
Il ne se plaignait pas ; ses enfants rassemblés
Vers son lit inclinaient leurs visages troublés.
Il les rassurait tous ; mais sa voix haletante
Démentait la fierté de son âme constante,
Et de son pouls éteint les faibles battements
Remontaient vers le cœur de moments en moments.
Il s'en allait mourir. — Tandis que sa famille
S'empresse autour de lui, près du foyer qui brille,
La pauvre femme assise, oubliée, à l'écart,
Sur son vieux compagnon attache un lent regard.

Elle ne chante plus... Cette immobile face,
Où chaque sentiment toujours glisse et s'efface,
Semble se colorer d'un reflet de raison,
Et le lit du malade est tout son horizon.
Elle sourit pourtant, mais c'est avec contrainte,
Et parce que sa bouche a gardé cette empreinte.
Les soupirs incessants, les pleurs du désespoir,
Peut-être auraient semblé moins douloureux à voir
Que cet œil immobile où l'angoisse respire,
Et ce visage en deuil grimaçant un sourire.

Vainement le soleil qui brillait sur les champs,
Vainement les oiseaux dont elle aima les chants,
L'onde qui captiva sa vue émerveillée,
L'invitaient à s'asseoir sous la verte feuillée.
Sans faire un mouvement, pendant quatre longs jours,
Elle resta muette et souriant toujours.
En vain lui donnait-on sa nourriture aimée.
Comme ce n'était plus la voix accoutumée
Qui disait : — « Lève-toi ! viens prendre ton repas ! »
Elle demeurait morne et ne répondait pas.

Un jour elle tressaille, elle lève la tête ;
Un lumineux éclat dans ses yeux se reflète ;
Ce cœur, depuis longtemps couvert d'obscurité,
Semble avoir reconquis son ancienne clarté ;
Elle tend ses deux mains vers le vieillard qui l'aime,
Le nomme, lui sourit, l'embrasse... Effort suprême !
La pâleur envahit son front comme un reflux ;
Quand on la releva, son cœur ne battait plus.

Une semaine après, les gens de la campagne
Conduisaient le vieillard auprès de sa compagne :
Le fossoyeur les mit dans le même tombeau.

Dans leur chaumière habite un ménage nouveau :
On y voit tout le jour, souriante et légère,
Aller et revenir l'active ménagère,
Et, des jeunes époux cher espoir, doux orgueil,
Un bel enfant se roule au soleil sur le seuil.

Septembre 1861.

8

FRATERNITÉ

POÈME DÉDIÉ A M. L'ABBÉ FAUDET

CURÉ DE SAINT-ÉTIENNE-DU-MONT

Une association charitable a été instituée en 1849, sous le titre d'ŒUVRE DES FAMILLES. — Dix familles, se réunissant pour en adopter une, forment ce qu'on appelle une *Fraternité*. Un Président, ou une Présidente se charge de la recette et de la distribution des secours. Chaque associé apporte une cotisation de *dix centimes*, par semaine, et peut donner, en outre, selon ses facultés, soit un supplément de cotisation, soit des subventions en aliments, hardes, ustensiles, etc., et surtout du travail. — Dès que la famille secourue peut se suffire, elle cesse d'obtenir des secours; elle peut même faire partie de l'Association fraternelle et répandre sur de plus pauvres le bien qu'elle a reçu.

La bise de décembre au soir s'était accrue;
Une femme en haillons grelottait dans la rue,
Le désespoir au cœur, le visage incliné,
Et sur son sein tari pleurait un nouveau-né.
Deux anges blonds, deux sœurs, à ses genoux placées,
Tendaient longtemps leurs mains petites et glacées,
Mais les passants étaient pauvres et peu nombreux;
Car l'aumône tombait bien rare aux malheureux.

Revenant du travail, une jeune ouvrière
S'approchait, elle entend la touchante prière,
Elle s'arrête et prend, non sans s'apitoyer,
Dans sa modeste bourse un modeste denier.
C'était bien peu de chose, et pourtant l'or d'un trône
N'aurait pas égalé, devant Dieu, cette aumône.
La généreuse enfant donnait, non pas l'espoir
D'un hochet superflu, mais de son pain du soir,
Ce pain quotidien que l'indigent espère
Et demande au Seigneur en disant : « Notre Père ! »
Elle ajoutait un mot bien timide et bien doux,
Quand soudain les deux sœurs, embrassant ses genoux,
Lui prodiguent des noms d'enfantine tendresse.
Elle était reconnue, et, dans cette détresse,
Retrouvait une amie : — « Hélas ! toi, dans ce deuil ?
Toi, réduite à chercher ton pain de seuil en seuil ?
Ton mari cependant gagnait un bon salaire;
Le ciel vous protégeait. » — « Le sort nous est contraire.
Mon mari, depuis juin, languit à l'hôpital,
Et nous sommes sans pain depuis ce mois fatal.
Il a roulé mourant sur une barricade,
Pour avoir écouté ces gens au cœur malade
Qui, fardant l'avenir aux yeux du travailleur,
Lui disaient : «sois plus fier ! » et non pas : « sois meil-
Il lui fallut quitter l'atelier pour les suivre,   [leur ! »
Pérorer dans ces clubs où chaque esprit s'enivre
De clameurs, de chansons au refrain menaçant,
Et de pamphlets hideux écrits avec du sang.
Cependant son patron, ma seule providence,
Avait à mes enfants donné quelque assistance.

Le combat terminé, je cours vers cet espoir;
J'arrive!... le portail est couvert d'un drap noir
Et le tambour voilé qui sourdement résonne
Précède un noir cercueil que la foule environne :
Tué! par une balle insurgée! ô pourquoi
Ne sommes-nous pas morts, mes trois enfants et moi! »
— « Pauvre amie! ah! c'étaient de cruelles souffrances! »
— « Plains-moi! je souffre plus encor que tu ne penses.
Celui dont je voyais passer le corps, celui
Avec qui je perdais tout espoir, tout appui,
Avait trouvé la mort devant la barricade
Où mon mari tomba lui-même en embuscade.
Ainsi, dans sa fureur, peut-être mon époux
D'un seul coup de fusil nous avait frappés tous.
Depuis lors, poursuivi par ce rêve implacable,
Il ne peut triompher du tourment qui l'accable.
Il déteste son arme et ces aventuriers
Dont l'orgueil nous traîna, crédules ouvriers,
De l'atelier paisible au combat fratricide.
Il agonise enfin... Moi, sans travail, sans guide,
Pour nourrir ces enfants qui t'ont tendu la main,
J'ai tout vendu. Plus rien ne nous reste. Demain
Notre pauvre logeur, dont la pitié se lasse,
Nous reprend notre asile; on nous fuit, on nous chasse.
Tu vois bien qu'il n'est plus de Dieu pour l'indigent,
Et que la mort... » — « Tais-toi ! j'ai quelque peu d'argent;
Ne blasphème pas, prie, et tu verras encore
Que le Seigneur est bon pour celui qui l'implore. »
Dès le soir, les enfants eurent assez de pain
Pour s'endormir joyeux; car ils n'avaient plus faim.

Le lendemain la mère obtenait de l'ouvrage;
Son amie était là qui lui disait : — « Courage! »
— « Merci ! » répondait-elle, et, ses pleurs l'étouffant,
Elle embrassait les mains de cette noble enfant,
Qui de pourvoir à tout se faisait une étude;
Enfin elle ajoutait avec sollicitude :
— « Tu n'es pas riche, toi qui nous secours ainsi;
Tu te prives pour nous. » — « Ne prends aucun souci.
J'ai de riches amis qui m'ont faite opulente.
Comme toi j'ai connu cette douleur brûlante
De voir de chers enfants, au teint jadis vermeil,
Livides, affamés, pleurer jusqu'au sommeil
Et puis se réveiller, dès la première aurore,
Sans obtenir le pain qu'ils réclamaient encore.
J'ai vu ma vieille mère et mes frères chéris,
Sous la tuile des toits frissonner amaigris;
J'ai su, n'ayant plus rien, sans espoir, sans ressource,
Combien de pleurs il faut pour en tarir la source.
Tout ce qu'on peut souffrir, je l'ai souffert... Un soir,
Sur notre paille humide un ange vint s'asseoir,
Une femme, et chez nous l'espoir allait renaître.
Par l'inspiration du noble cœur d'un prêtre,
Dix ménages, les uns aisés, les autres moins,
Mais tous riches d'amour, réunissaient leurs soins
Sur des déshérités de la famille humaine.
Chacun ne fournissait que deux sous par semaine;
Humble aumône, et pourtant l'active charité
Sut en faire un trésor pour notre pauvreté.
Ce sont des gouttes d'eau qui font la mer si grande!
Chacun des bienfaiteurs ajoutait à l'offrande

Quelque travail, un pain, un lange à l'enfant nu :
Le conseil du plus pauvre était le bienvenu.
Fraternelle union, dont l'active puissance
Dans notre obscur asile a ramené l'aisance !
Que te dirai-je, enfin? Quand je t'ai vue hier,
A l'abri du besoin, je marchais le cœur fier ;
Nous pouvions nous suffire, et, dans notre mansarde,
Ce n'est plus désormais que Dieu seul qui nous garde.
Nos sauveurs, nos amis cherchaient, comme un trésor,
Une honnête famille à relever encor :
C'est à toi, c'est aux tiens que les mains vont se tendre ;
Le bien que j'ai reçu, je vais aussi le rendre,
J'ai ma place au conseil ; je m'assois à côté
De ceux qui m'ont sauvée, et la FRATERNITÉ
Peut verser, par mes mains, une aumône abondante ;
Car la pauvre ouvrière en est la présidente. »

Aujourd'hui vous pouvez entendre un chant joyeux
Qui, d'en haut descendu, semble venir des cieux.
C'est la voix des enfants de cette pauvre femme,
Qui répandent à flots la gaîté de leur âme.
Leur mère a du travail, leur père est rétabli ;
Son marteau matinal ébranle l'établi.
Le soir, s'il prend un livre auquel il est docile,
Ce n'est plus un pamphlet, c'est le saint Évangile,
Et soumis à celui qui nous dit : « Aimez-vous ! »
Il vient chaque semaine apporter ses deux sous.

Salut, obole salutaire,
Denier du pauvre, saint trésor,

Toi que Dieu compte avec mystère,
Cuivre plus précieux que l'or !

Anneau de l'éternelle chaîne
Qui rend solidaires entre eux,
Dans la grande famille humaine,
L'opulent et le malheureux !

Salut, manne consolatrice,
Qui par un bienfait mutuel,
Peux seule adoucir le supplice
Des fils déshérités du ciel !

Salut, encens, baume, dictame,
Qu'aux humains un Dieu de bonté
Laissa pour unir l'âme à l'âme,
Salut à toi, Fraternité !

Sur terre enfin tu viens renaître,
Non comme un mot fallacieux,
O vertu, dont le divin Maître
A fait un ange dans les cieux !

Par toi, ces trésors de l'aumône,
Que l'homme cache et que Dieu voit,
Rendront meilleur celui qui donne,
Plus heureux celui qui reçoit,

Et les martyrs de la souffrance,
Secourus par un saint amour,
Accepteront, dans l'espérance
De pouvoir donner à leur tour.

MYSTÉRIEUSE

———

A MADAME LA MARQUISE DOUAIRIÈRE
DE MIRAMON

Au bord de la prairie,
La pervenche fleurie
Qui s'entr'ouvre au matin,
Étoile de la terre,
Vit et meurt solitaire,
Sans plaindre son destin.

En son naïf langage,
Le rossignol sauvage
Gazouille au fond des bois;
Sans chercher qui l'écoute,
Il fuit loin de la route;
Dieu seul entend sa voix.

Vous êtes la fleur pure,
Dans la forêt obscure

Le rossignol enfui ;
Sous l'ombre qui vous cèle,
Vous fleurissez comme elle,
Vous chantez comme lui.

Dans votre solitude,
Vous n'aimez de l'étude
Que ce bonheur si doux
De voir, formes chéries,
Vos vagues rêveries
Voltiger devant vous ;

Ou, quand le deuil vous ronge,
D'azurer, dans un songe,
Le ciel de l'avenir ;
D'évoquer, pour une heure,
Soit qu'il rie ou qu'il pleure,
Le pâle souvenir,

Ce fantôme incolore
Pareil au météore,
Qui, sous les nuits d'été,
De son léger phosphore,
En voltigeant, redore
Le marais attristé.

Timide et retirée,
De vous-même ignorée,
En secret vous chantez,
Sans chercher à connaître
Si vos vers doivent être
Seulement écoutés.

Pourtant votre voix tendre
Au cœur sait faire entendre
L'écho de vos douleurs,
Et la flamme qui crée
Brille en vous, épurée
Au baptême des pleurs.

Chantez ! chantez, poète,
Tant qu'une voix secrète,
Dans votre âme de feu,
Tout bas vous dira : « Chante ! »
Car cette voix touchante,
Qui parle en vous, c'est Dieu !

LA ROSE MOUILLÉE

TRADUIT DE W. COWPER

L'ORAGE, ce matin, avait tout noyé d'eau
La rose dont Anna fit présent à Marie,
Et la fleur, succombant sous l'humide fardeau,
Penchait sa belle tête inondée et meurtrie.

Voyant son urne pleine et ses feuilles en pleurs,
Je songeais, moi rêveur, qu'elle pleurait peut-être
Les boutons qu'elle avait laissés, non sans douleurs,
Sur le buisson joyeux où le ciel la fit naître.

Alors je la saisis ; car elle n'offrait pas
Un gracieux aspect, ainsi morne et tachée ;
L'agitant rudement, trop rudement, hélas !
Je l'effeuille, et soudain la terre en est jonchée.

Tel est pourtant le rôle insensible et moqueur
Que souvent nous jouons près d'une âme souffrante,
Sans crainte de heurter et de briser un cœur
Que domine déjà la douleur dévorante.

Cette élégante rose, agitée un peu moins,
Sous les yeux de Marie aurait encor pu luire;
Et les pleurs, essuyés avec de tendres soins,
Peuvent être suivis quelquefois d'un sourire.

AUTOMNE

ADIEU, riantes matinées
De tant de splendeur couronnées,
Chants d'oiseaux si doux au réveil;
Adieu! — L'aurore taciturne
Se voile du brouillard nocturne;
Le matin n'a plus de soleil.

Tout est sombre et mort dans l'espace,
Il pleut! Un corbeau crie et passe,
A travers les bois dépouillés;
Puis le vent froid, dans les ramures,
Avec de gémissants murmures,
Sème les feuillages rouillés.

Mais voici que, perçant la brume,
Un rayon fugitif rallume
De plus éclatantes couleurs;
Sur les branches où l'eau scintille,
Jette des diamants, et brille,
Comme un sourire dans les pleurs.

Soudain l'herbe au soleil rayonne,
Les arbres, jaunis par l'automne,
Semblent vêtus de pourpre et d'or;
Mille oiseaux gazouillants s'élancent,
Et, dans l'air épuré, balancent
Leurs ailes humides encor.

Partout, des toiles d'araignées,
De pluie et de brouillard baignées,
Tremblent sur les buissons mouvants;
Leurs dentelles, d'argent filées,
Resplendissent tout emperlées,
A la moindre haleine des vents.

Sur le ruisseau, qui le reflète,
Le rayon glisse et se projette,
A travers les grands peupliers;
Dans sa lumière qui poudroie,
Un flot de moucherons tournoie,
Volant et dansant par milliers.

Mais tout, bientôt, se décolore,
L'hiver plus affamé dévore
De nos champs les trésors jaunis,
Dans le bois la vie est éteinte,
Les oiseaux n'ont plus qu'une plainte,
Pour pleurer leurs amours finis.

Chaque fois que leurs plumes blanches
Effleurent, en passant, les branches,

Quelque feuille en tombe toujours;
Chaque feuille morte, avec elle,
Emporte, parcelle à parcelle,
Leur allégresse et les beaux jours.

Ainsi de nous : lorsque notre âme
A vu se refroidir sa flamme,
Se voiler son ciel irisé;
Quand notre plus intime fibre
Au vent des douleurs tremble et vibre,
Comme un luth à demi brisé,

Si quelque rayon d'espérance
De notre profonde souffrance
Perce, un moment, l'obscurité,
Soudain, tout s'anime, tout aime,
Et tout s'illumine, en nous-même,
De vie et de sérénité!

Mais, bientôt, la douleur plus sombre
Epaissit la tristesse et l'ombre,
Sur notre cœur plus abattu.
Le rayon meurt, la feuille tombe;
C'était le ciel, et c'est la tombe :
Bonheur qui fuis, où t'en vas-tu?

TRISTIA

CRÉPUSCULE

Voici l'heure où le soir commence.
Au loin, dans la vallée immense,
Tout est ombre, silence, amour.
La brise fraîche et frémissante
Court en frisson sur chaque plante :
C'est le dernier soupir du jour.

Puis l'horizon lointain s'efface,
Et l'ombre gigantesque embrasse
Les espaces silencieux.
La nuit, l'une après l'autre, sème
Les perles de son diadème,
Sur le manteau d'azur des cieux.

Que songer est doux à cette heure !
Aucun soupir du vent n'effleure
L'herbe qui croît dans les sillons ;
La fleur s'endort sous l'ombre douce,
Et l'on entendrait dans la mousse
Respirer l'oiseau des vallons.

Le calme des heures nocturnes
Nous laisse, en nos cœurs taciturnes,
Revoir nos beaux jours révolus ;
Et dans nos lentes rêveries
Surgissent les formes chéries
De ceux qui ne reviendront plus.

LA MORT DU DUC D'ORLÉANS

13 Juillet 1842.

A S. A. R. MONSEIG^r LE COMTE DE PARIS

> Purpureos spargam flores, animamque nepotis
> His saltem accumulem donis, et fungar inani
> Munere.
>
> VIRGILE.

I

D'où vient tant de stupeur ? pourquoi ces cris d'alarmes ?
Où courez-vous ainsi de douleur égarés ?
— Si vous êtes humain, passant, plaignez nos larmes,
Si vous êtes Français, à genoux, et pleurez !

C'est là ! dans cette étroite et chétive demeure,
Un jeune homme est couché, pâle, couvert de sang.
Il ne reconnaît pas une mère qui pleure
Et le réchauffe en vain sur son cœur impuissant.

Il ne soulève pas sa livide paupière
Devant ses sœurs, son père et ses frères en deuil;
Et le Dieu, qui rejette ou reçoit la prière,
Environne son front des pâleurs du cercueil.

Les médecins, usant leur stérile science
Sur ce corps malheureux brisé par le trépas,
Et dans un art borné cherchant une espérance,
Sentent venir la mort qu'ils ne retardent pas.

Rassemble dans ton fils les restes de la vie,
Réchauffe-le d'amour, ô mère de douleurs!
Sa tête à tes baisers ne serait point ravie,
Si l'on ressuscitait par l'amour et les pleurs.

Vous, ses frères, ses sœurs, contemplez son visage;
Couvrez bien de baisers son front pâle et glacé;
Gravez bien dans vos cœurs sa déplorable image :
Pour la dernière fois vous l'avez embrassé.

Toi, père infortuné, qui demeures stoïque
Et murmures tout bas : — « Encor, si c'était moi! »
Contiens ton désespoir dans ton âme énergique;
Ton pays te contemple, il a besoin de toi!

Et toi, sainte patrie, ô France souveraine!
Viens mêler à ce deuil tes larmes et tes cris;
Car ce père est ton Roi, cette mère est ta Reine,
Ce mourant est le fils de ton Roi! c'est ton fils!

Viens fléchir si tu peux la colère céleste ;
Prie, afin que le ciel prenne en pitié ton sort.
Mais non ! résigne-toi sous ton destin funeste,
France, ton fils se meurt! France, ton fils est mort!

II

Prince, dans ta cruelle et sanglante agonie,
Lorsque tu relevais ta paupière ternie
    Que le trépas enveloppait,
Quel brûlant souvenir vint t'assaillir encore,
Au penser douloureux de ta brillante aurore
    Et du beau jour qui t'échappait!

Voyais-tu cette France, éclatant héritage,
Qui déjà se montrait fière de son partage
Et te glorifiait aux yeux du genre humain,
Supplier l'Éternel de ses mains consternées,
N'osant pas croire, après d'aussi belles journées,
    A ce funèbre lendemain?

Puis, voyais-tu passer, ainsi que dans un rêve,
Tes frères éplorés, ton père qui soulève
    Ce front, son espoir, qui n'est plus,
Et ta mère, et tes sœurs, se vouant en victimes,
Prodiguant à tes pieds, ces chrétiennes sublimes,
    Des pleurs et des vœux superflus?

Ne l'appelais-tu point ton épouse adorée,
Qui là-bas t'attendait, d'espérance enivrée,

Tandis que nous pleurions ici ton sort cruel;
Et qui, pour le malheur toujours pieuse et bonne,
Répandait, en ton nom, les trésors de l'aumône,
    Qui te seront comptés au ciel?

Ne les cherchais-tu pas, sur ta funèbre couche,
Ces royaux orphelins, que ta mourante bouche
    Eût voulu presser et bénir,
Frêles berceaux, pareils au berceau de Moïse,
Qui roulent emportés par la vague insoumise,
    De flots en flots vers l'avenir?

III

Sombres décrets du sort, fin terrible et cruelle!
Quoi donc! lorsque d'Anvers la haute citadelle
Tonnait, rebelle encor, contre la liberté;
Et lorsqu'un des premiers à l'assaut des murailles,
D'Orléans s'élançait, les balles, les mitrailles,
    Les boulets l'auront respecté!

Lorsque le choléra sévissait dans nos villes,
D'Orléans, le premier, parcourant les asiles
    Où le mal vainqueur triompha,
Aura, sur les mourants aux fétides haleines,
Étendu ses deux mains d'or et de pitié pleines,
    Comme Bonaparte à Jaffa!

Quand l'Afrique, lionne en son antre forcée,
Se dressait contre nous sanglante et courroucée,

Il aura de sa rage enchaîné les éclats,
Et, des Portes-de-Fer forçant l'étroit passage,
Il aura stupéfait, par son jeune courage,
    Les scheiks belliqueux de l'Atlas!

Les dangers, la fatigue et la peste et la guerre,
Il aura tout bravé, pour qu'un hasard vulgaire
    En quatre heures le fît périr!
Dieu juste! était-ce ainsi, grand et plein d'espérance,
Que le fils du pays, que l'orgueil de la France,
    Que d'Orléans devait mourir!

Mourir tombé d'un char au bord d'une avenue,
Sous un toit ignoré, dans une chambre nue,
    Quand on a des palais riches de souvenir;
Mourir jeune et vaillant, sur le seuil de sa gloire,
Quand on a devant soi le trône et la victoire,
    Quand on est roi de l'avenir!

IV

Grande âme, que la mort en un jour a fauchée,
Sur les muets débris de ta vie ébauchée,
    Sommeille en paix dans ton cercueil!
Tout notre amour pour toi sur tes enfants retombe;
La haine des partis se brise sur ta tombe,
    Comme le flot sur un écueil.

Quand ton ombre déjà s'envolait dans l'espace,
L'as-tu vu, ce Paris où tout glisse et s'efface,

Devenu triste pour toi seul,
Sortir spontanément de son insouciance,
Et, famille éplorée, affluer en silence,
Pour te suivre dans ton linceul ?

Est-ce un roi tout-puissant qui, morne et tête nue,
Escorte à pied ton corps, dans la longue avenue,
Par tout ce peuple environné?
Non ; c'est un père, en proie au malheur qui le glace,
Et que tous ses enfants accompagnent en masse
Au convoi de son premier-né.

Plus d'ordre, ni de rangs, ni de froide étiquette!
La foule se confond, abattue et muette,
Dans le calme de la douleur.
Le pauvre, le puissant, l'ouvrier, le ministre,
Se pressent, consternés par ce destin sinistre,
Tous égaux devant le malheur!

Tous! même ces soldats endurcis par la guerre,
Qui, jusqu'à Mouzaïa, te suivirent naguère,
Vieux compagnons de tes exploits,
Et s'étonnent de voir, sur leur longue moustache,
Deux larmes, qu'à leurs yeux ton sort fatal arrache,
Rouler pour la première fois.

Grande ombre, dors en paix! cette tristesse immense
Est un garant certain d'amour et de clémence :

Un ciel plus pur nous est promis.
Sur ton cercueil la France a fait un vœu sublime,
Un pacte, pour veiller d'un accord unanime
Autour du comte de Paris.

Grande ombre, dors en paix ! les fastes de la gloire
De ton destin trop court raconteront l'histoire
A ton enfant qui sera roi,
Pour qu'il répande alors sur la France qui l'aime,
En outre des bienfaits qu'elle attend de lui-même,
Tous ceux qu'elle attendait de toi.

16 Juillet 1842.

LA PRINCESSE MARIE

Vous étiez, Princesse Marie,
Blanche comme un lys au soleil.
Votre jeunesse à peine était fleurie;
Vous promettiez un été plus vermeil.

Dans votre prunelle irisée,
Brillait l'azur du firmament;
Et sur nos cœurs, plus doux que la rosée,
Tombait votre parler charmant.

Vous étiez l'artiste royale,
Et vos mains, du marbre jaloux,
Faisaient jaillir quelque vierge idéale,
Quelque ange pâle comme vous.

Vous êtes morte, ô Princesse Marie!
Les deux bras croisés sur le cœur.
La mort blême vous a meurtrie,
Dans votre prière au Seigneur.

La lune, à travers la fenêtre,
Baisait votre front argenté.
A ce moment venait de naître
L'aube de la nativité.

On sculpta votre image, ô Princesse Marie,
Dans l'église, au milieu du chœur,
Comme la mort vous a meurtrie,
Les deux bras croisés sur le cœur.

Quand je vous vis, la lune, à travers la fenêtre,
Jetait sur votre marbre un rayon argenté.
A ce moment, venait de naître
L'aube de la nativité.

Vous revivez, ô Princesse Marie,
Les deux bras croisés sur le cœur,
Sur la rive toujours fleurie
Où sont les élus du Seigneur.

Vous êtes telle encor qu'ils vous ont prise,
A l'heure où vous étiez à genoux et priant,
Si ce n'est que, là-haut, le ciel vous divinise
D'un jour plus pur et plus brillant.

Nous vous verrons, ô Princesse Marie,
Sur ces rivages inconnus !
Vous êtes l'ange des vertus,
Près du trône, où votre âme prie.

Nous verrons un divin rayon
Sur votre front charmant paraître.
L'aube du jour de résurrection
A ce moment viendra de naître.

A UNE REINE MARTYRE

Puisqu'aujourd'hui ton front n'a plus d'autre cou-
    Que la couronne des vertus,   [ronne
D'autre éclat que celui dont le ciel environne
    Les saints par le martyre élus;

Puisque cet océan où s'engloutit la France
    T'a ballottée à tous ses flots;
Puisqu'il couvre aujourd'hui de son indifférence
    Le murmure de tes sanglots;

Courtisan du malheur, je m'unis à ta plainte;
    Reine, avec toi je veux pleurer !
Adorateur pieux, j'élève pour la sainte
    L'autel où je viens t'honorer.

A tous les désespoirs tu fus prédestinée;
    Tu n'existas que pour souffrir,
Que pour voir chaque jour, ô noble infortunée,
    La tombe autour de toi s'ouvrir !

Des Français trop aimés l'inconstance et l'envie
    Ont accumulé tes malheurs.
Par eux, tous les revers ont éprouvé ta vie;
    Par eux, tu connais tous les pleurs.

Dans ton exil encore, ô Marie-Amélie!
    De leurs fureurs tu te vengeais,
En priant Dieu qu'il prît en pitié la folie
    De ceux qui furent tes sujets.

Triste mais résignée, au Seigneur en offrande
    Tu donnais ton cœur abattu;
Et l'univers doutait laquelle était plus grande,
    Ton infortune ou ta vertu.

Tu semblais n'avoir plus à souffrir d'autre épreuve;
    Après ton bonheur écroulé,
Il n'en restait plus qu'une... ô pleure, auguste veuve,
    Sur le tombeau de l'exilé !

Pleure, ô toi qui jamais avec indifférence
    N'as vu couler les pleurs d'autrui!
Souffre, ô toi qui jamais n'as laissé la souffrance
    Implorer en vain ton appui!

Seule, te voilà seule après ce grand orage,
    Debout encor près d'un cercueil;
Comme si tu n'étais échappée au naufrage
    Que pour pleurer ce dernier deuil.

Telle et moins triste on voit la croix du Colysée,
    Témoin des sanglants souvenirs,
Dresser sa tête sainte et par le temps brisée,
    Sur la poussière des martyrs.

2 Septembre 1850.

A MGR LE DUC D'AUMALE

SUR LA PERTE DU DUC FRANÇOIS DE GUISE
SON DERNIER FILS

Comme un lys, inclinant son urne de satin
Que nul insecte impur n'effleura de son aile,
S'entr'ouvre mollement aux rayons du matin,
    Il allait élégant et frêle.

Blond comme un épi mûr tout gonflé de froment,
Qui se courbe alourdi sur sa tige élancée,
Fier et doux, il penchait, souriant tristement,
    Son front que chargeait la pensée.

Aussi bleu que le ciel et comme lui profond,
Son œil s'illuminait d'une lumière étrange;
Et quand ce vague éclair étincelait au fond,
    Son âme y passait comme un ange.

Il avait la fraîcheur de tout ce qui vit peu,
Cet éclat transparent de la rose sauvage,
De la neige au soleil ou des cierges en feu;
    Et l'on voyait sur son visage

Je ne sais quoi de tendre et d'immatériel;
Son pays n'était pas dans cette vie amère;
On eût dit qu'il était appelé vers le ciel,
    Par la voix sainte de sa mère.

Hélas! elle a revu ses enfants tour à tour :
Celui qu'elle pleura trois ans sur cette terre,
Celui qu'après trois ans, elle ôte à votre amour,
    O cœur désormais solitaire!

En vous frappant deux fois dans votre cher trésor,
La mort vous avait fait large part de souffrance;
Mais vous lui pardonniez; car vous gardiez encor
    Cet enfant, suprême espérance.

Vous-même lui versiez cette amère liqueur,
La science, y mêlant le miel qui la tempère.
Au fils de votre sang vous donniez votre cœur,
    Et vous étiez deux fois son père.

Il allait être un homme, un savant, un soldat.
Son brillant avenir vous payait votre peine;
Vous réserviez pour lui le sabre de combat,
    Qui fit votre gloire africaine.

Vous embrassiez, d'un œil ardent et paternel,
Ce front pur, votre amour, votre espoir, votre crainte
Et vous disiez : — « Non ! Dieu n'est pas assez cruel
    Pour l'arracher à mon étreinte ! »

Trois jours après, l'orage, avec un seul frisson,
A soufflé sur le lys, frêle et brillante proie ;
Il a brisé l'épi, dévasté la moisson,
    Et fait un deuil de votre joie.

Pleurez, Prince ! Accusez le ciel de cruauté ;
En vous-même attisez le feu qui vous consume.
Videz, avec une âcre et sombre volupté,
    Le calice de l'amertume.

Pleurez, mais élevez vers ce ciel en courroux
Vos yeux rougis, vos mains par la fièvre brisées.
C'est là-haut qu'elles sont, qu'elles veillent sur vous,
    Ces trois âmes divinisées.

Dans vos rêves, la nuit, vous les verrez venir ;
Vous leur demanderez quel chemin il faut suivre,
Et les rejoindre un jour sera votre avenir :
    C'est la mort qui vous fera vivre.

Navré, mais retrempé par ce flot des douleurs,
Insensible à la gloire, impassible au martyre,
Vous vivrez pour la France et, si Dieu voit vos pleurs,
    La foule vous verra sourire.

Vous marcherez stoïque avec ce masque au front,
Puissant par la parole et la plume et les armes,
Et ceux qui vous verront si grand vous envîront,
    O vase d'or rempli de larmes !

Juillet 1872.

SUNT LACRYMÆ

———

Oh! que sa lèvre est pâle et sa face glacée!
Sur son cœur arrêté sa main droite placée
Semble montrer la place où furent ses douleurs.
Il est là, comme hier, étendu sur sa couche,
Un sourire d'amour plane encor sur sa bouche,
  Sur son front baigné de nos pleurs.

Mais ses yeux, ses beaux yeux fermés à la lumière,
Ne se mireront plus dans les yeux de sa mère;
De sa bouche jamais un seul mot d'amitié!
O Dieu! pourquoi sitôt nous ravir tant de charmes?
Des douleurs d'une mère et de nos longues larmes,
  Seigneur, n'as-tu pas eu pitié?

Pauvre enfant! tendre fleur par le soc moissonnée,
Tu penches vers le sol ta corolle fanée,
Au lieu même où ton front éclatait radieux;
Et, parfum de la fleur morte aussitôt qu'éclose,
Ton âme, souriant sur ta bouche de rose,
  Part et remonte vers les cieux.

Jeune âme, va puiser dans les sacrés calices,
Fais-toi des jours sans fin, d'ineffables délices,
Tu seras un bel ange avec des cheveux blonds;
Tu parleras d'amour, de divines merveilles,
Et ta céleste voix, pour embellir nos veilles,
    Fera taire les aquilons.

Mais pardonne du moins si nous pleurons ta vie,
Quand le bonheur, qu'en vain ici-bas on envie,
T'inonde et que ton front est couronné de fleurs;
Pardonne... Tu connais d'éternelles ivresses;
Mais Dieu, qui mit la mort dans toutes nos tendresses,
    Doit nous avoir permis les pleurs.

Car tu nous as quittés, enfant de notre joie!
Comme au vent du midi le roseau cède et ploie,
Chacun de nous s'incline et succombe à son deuil;
Nous cherchons le soleil, nous trouvons la tempête,
Et, les fleurs que nos mains préparaient pour ta fête,
    Nous les semons sur un cercueil.

A UNE SŒUR

QUI PLEURAIT SON FRÈRE

Comment trouver en moi l'accent qui te console,
Quand mon cœur est si plein d'un douloureux émoi?
Je sens que sur ma lèvre expire la parole;
Je ne puis que gémir et pleurer avec toi.

C'est un frère adoré que ma douleur appelle;
Je l'ai vu dans mes bras tomber et se flétrir;
Les ans n'ont pas fermé ma blessure cruelle,
Et, jusqu'au dernier jour, on me verra souffrir!

Sous un semblable deuil ton âme s'est glacée;
Car c'est un frère aussi que t'enlèvent les cieux.
Son image à jamais vivra dans ta pensée;
Son dernier souvenir te fermera les yeux.

Le même anniversaire, à sept ans d'intervalle,
Vers un monde meilleur les ravit à la fois,
Et, sur leurs deux cercueils, dans la route fatale,
L'automne a fait pleuvoir le feuillage des bois.

Ils sont partis tous deux pour un même voyage,
Et nous sommes restés, cherchant leurs derniers pas,
Souvenirs fugitifs empreints sur le rivage,
Par ces chers exilés, qui ne reviendront pas.

Noüs tournons nos regards vers l'avenir immense,
L'avenir, océan dont Dieu seul sait les lois,
Dont l'horizon toujours s'étend et recommence,
Et que jamais mortel n'a traversé deux fois.

Nous les suivrons un jour, et cette onde inconnue
Sur ses vagues nous doit tour à tour entraîner;
Mais l'heure du départ n'est pas encor venue.
Sous le poids des regrets sachons nous incliner.

Car le Seigneur est grand : S'il punit, il pardonne;
Son éternel amour veille sur les humains;
Est-ce à nous de peser le fardeau qu'il nous donne,
Après lui, qui pesa l'Univers dans ses mains!

Puisque sa volonté sous le joug nous rassemble,
Adorons cette main qui nous frappe; à genoux!
Pour que Dieu, qui voulut nous affliger ensemble,
Ensemble nous pardonne, et soit clément pour nous.

LE TOMBEAU.
DU PETIT ENFANT

LA fleur s'ouvre au matin sous le givre qui brille,
Et le premier rayon du soleil la ternit;
L'oisillon, trop pressé de briser sa coquille,
Tombe et meurt épuisé dans le duvet du nid.

Le vaisseau, qui partait pour son premier voyage,
Sombre sur un écueil et périt dans le port.
Tel, sans avoir vécu, frêle oiseau de passage,
L'enfant ploya son col sous l'aile de la mort.

Et l'on ne chargea pas sa tombe d'une pierre,
On ne la décora que du gazon des bois,
Et du saule qui pleure, et des rameaux du lierre
Qui s'enlacent autour d'une légère croix.

Quand au ciel printanier reverdissent les branches,
L'arbre, sur l'enfant mort, s'arrondit en berceau;
La cigale y babille et les colombes blanches
Viennent, le soir, gémir au-dessus du tombeau.

La croix, symbole aimé, la croix, seule espérance,
Etend sur lui ses bras, comme pour le bénir.
La même heure sonna sa mort et sa naissance,
Et sur terre avec nous mourra son souvenir !

Prodiguons-lui les fleurs que le printemps ressème;
S'ouvrir et s'effeuiller, voilà tout leur destin.
Les fleurs sont de l'enfant le fugitif emblème :
Il naquit pour un jour et mourut au matin.

Et peut-être... qui sait? cette humble pâquerette,
Etoile du printemps, dont s'émaillent les prés,
Est la trace ici-bas de l'âme qu'on regrette,
Et qui passe, invisible à nos yeux éplorés !

Et ce myosotis à la teinte plus pâle,
Que la nuit a formé de rosée et d'amour,
Qui semble réfléchir tous les feux de l'opale,
Triste comme la vie et pur comme le jour,

C'est peut-être un soupir d'ineffable mystère
Qui, sorti du tombeau triste et silencieux,
Se revêt, en passant, des couleurs de la terre,
Et, fleur, monte du moins en parfum vers les cieux.

A L'AME DE MA MÈRE

Du haut de ces blanches étoiles,
Du fond de ces mondes rêvés,
Endormis sous d'éternels voiles,
Que l'homme n'a point soulevés;
Quelque part que soit ta demeure,
Chère Ame, si tu sens l'émoi
Du passé qu'ici-bas je pleure!
    Ma mère! oh! réponds-moi!

Ne m'as-tu point dit, en ce monde,
Que, même au delà du trépas,
Ta tendresse ardente et profonde
Avec toi ne périrait pas?
S'est-il flétri comme une rose,
Cet amour, ma force et ma foi?
N'en reste-t-il plus quelque chose?
    Ma mère! oh! réponds-moi!

Il m'échauffe encor de sa flamme,
Le suprême éclair de ton œil,
Où j'ai vu resplendir ton âme
A travers la nuit du cercueil.

De ce regard, chère exilée,
Rien ne survivrait-il en toi,
Là-haut, où tu t'es envolée?
    Réponds! oh! réponds-moi!

De ta voix, navrante harmonie,
J'entends encor le faible adieu,
Dans les luttes de l'agonie
Vibrer, comme un appel à Dieu.
Oh! de cette musique enfuie,
Rien qu'un son! rien qu'un mot de toi!
Si le cœur aime après la vie;
    J'écoute!... oh! réponds-moi!

Quand midi pèse sur la plaine,
Quand le couchant luit embrasé,
Quand de la nuit la douce haleine
Gémit avec mon cœur brisé;
A l'heure où les songes funèbres,
Dans leur beauté, dans leur effroi,
S'élèvent du fond des ténèbres,
    Chère Ame! réponds-moi!

Par notre joie et nos alarmes,
Par nos vœux que nous unissions,
Par nos pleurs même, non sans charme
Lorsqu'ensemble nous les versions,
Si, dans une éternelle aurore,
Les âmes, où règne la foi,
Se doivent réunir encore,
    Réponds! oh! réponds-moi!

Ni dans l'espace, ni sur terre,
Rien n'a vibré, rien n'apparaît.
Tout est solitude et mystère...
Oh! si tu gardes ton secret,
Que dois-je attendre du ciel même?
Par pitié! parle, éveille-toi,
Ma mère, m'entends-tu? — je t'aime!
    Réponds-moi! Réponds-moi!...

TABLE

TRISTIA.

—

ACHEVÉ D'IMPRIMER PAR DAUPELEY-GOUVERNEUR,

A NOGENT-LE-ROTROU,

LE X AOUT M D CCC LXXV

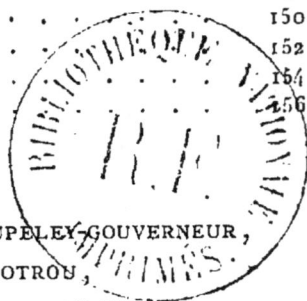

PROSPER BLANCHEMAIN

POÉSIES

TOME QUATRIÈME

FLEURS DE FRANCE

PARIS

AUGUSTE AUBRY

Libraire de la Société des Bibliophiles Français

18, RUE SÉGUIER

1877

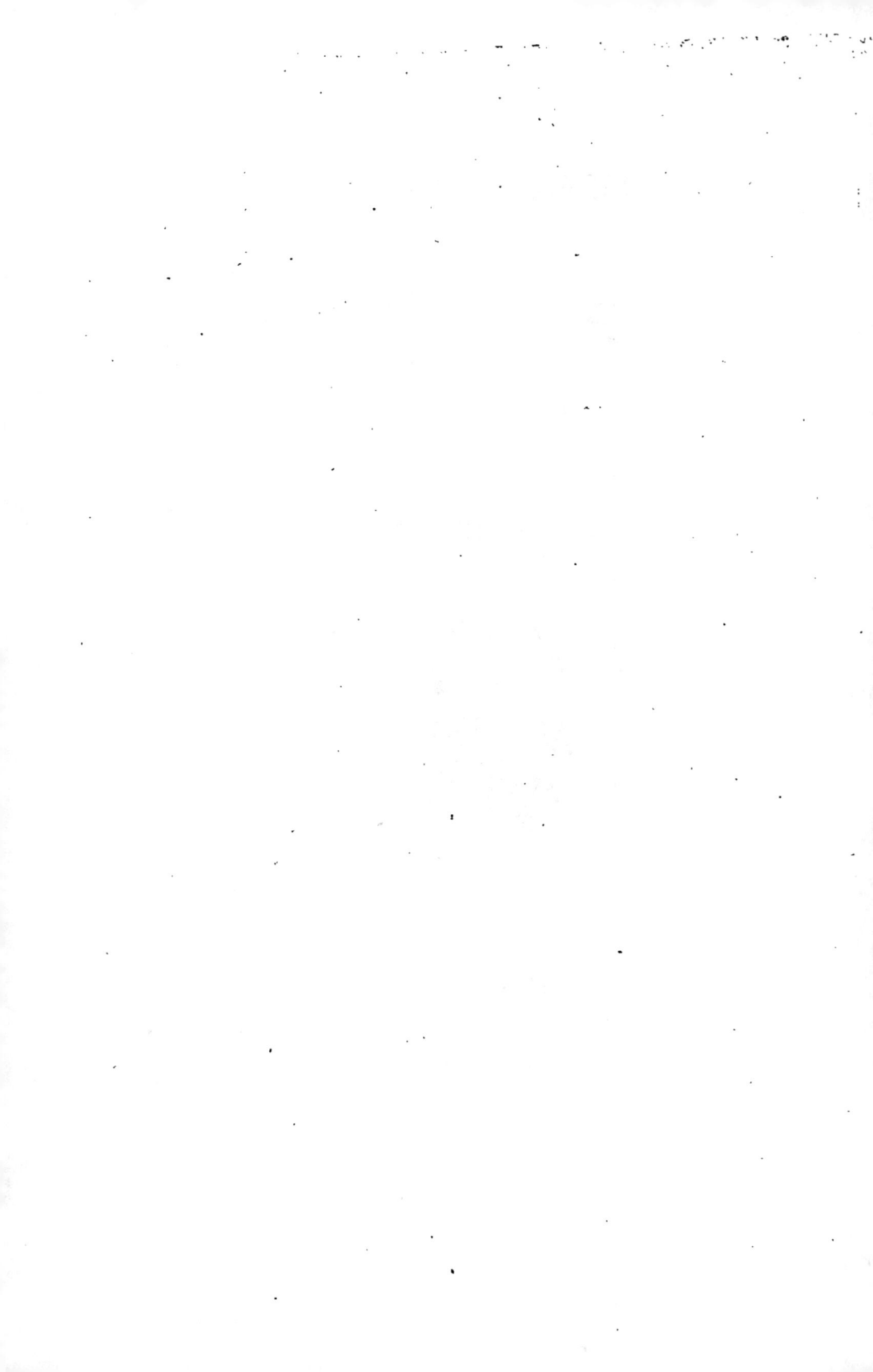

POÉSIES

DE

PROSPER BLANCHEMAIN

IV

Tiré à petit nombre

PROSPER BLANCHEMAIN

POÉSIES

TOME QUATRIÈME

FLEURS DE FRANCE

PARIS

AUGUSTE AUBRY

Libraire de la Société des Bibliophiles Français

18, RUE SÉGUIER

1877

Telle et moins triste on voit la croix du Colysée,
　　Témoin des sanglants souvenirs,
Dresser sa tête sainte et par le temps brisée,
　　Sur la poussière des martyrs.

2 Septembre 1850.

A MGR LE DUC D'AUMALE

SUR LA PERTE DU DUC FRANÇOIS DE GUISE
SON DERNIER FILS

Comme un lys, inclinant son urne de satin
Que nul insecte impur n'effleura de son aile,
S'entr'ouvre mollement aux rayons du matin,
    Il allait élégant et frêle.

Blond comme un épi mûr tout gonflé de froment,
Qui se courbe alourdi sur sa tige élancée,
Fier et doux, il penchait, souriant tristement,
    Son front que chargeait la pensée.

Aussi bleu que le ciel et comme lui profond,
Son œil s'illuminait d'une lumière étrange ;
Et quand ce vague éclair étincelait au fond,
    Son âme y passait comme un ange.

TABLE.

—

Imprimerie Gouverneur, G. Daupeley à Nogent-le-Rotrou.

PROSPER BLANCHEMAIN

Poésies : T. I. Poèmes et Poésies, 3ᵉ édition ; T. II. Foi. Espérance et Charité, 2ᵉ édition ; T. III. Idéal, 2ᵉ édition ; T. IV. Fleurs de France ; T. V. Sonnets et fantaisies. Cinq vol. in-18, tirés à 500 exemplaires ; plus 55 exemplaires in-8º. Paris, Aubry, 1866-1875. (Épuisé.)

OEuvres poétiques de Vauquelin des Yveteaux, réunies pour la première fois. Un vol. in-8º, tiré à 300 ex. Paris, Aubry, 1854.

OEuvres inédites de Ronsard. Un vol. in-16, tiré à 310 ex., plus un tirage à 25 ex. in-fol. et 25 in-4º. Paris, Aubry, 1855.

OEuvres complètes de P. de Ronsard. Huit vol. in-16 (Biblioth. Elzevirienne). Paris, Daffis, 1857-1867, tirés à 1200 ex. (Presque épuisé.)

OEuvres poétiques de Fr. de Maynard. Trois vol. in-18. Paris, Gay, 1864-1867, tirés à 100 exemplaires.

Poésies de Jacques Tahureau (du Mans). Deux vol. in-18. Genève, Gay, 1868, 1869, tirés à 100 exemplaires.

Élégies de J. Doublet, publiées pour la Société des Bibliophiles Normands, avec une préface et des notes. Rouen, 1869, petit in-4º, tiré à 100 exemplaires.

Le Plaisir des Champs, poème cynégétique par Cl. Gauchet. Un vol. in-16 (Bibliot. Elzevirienne). Paris, Daffis, 1869.

Poésies d'Olivier de Magny (Amours, Gayetez et Souspirs). Trois vol. petit in-4º. Turin, Gay, 1869-1870, tirés à 100 exemplaires.

OEuvres complètes de Melin de Sainct-Gelays. Trois vol. in-16 (Bibl. Elzevirienne). Paris, Daffis, 1873, tirés à 1200 exemplaires.

Rondeaulx et vers d'amour de J. Marion. In-8º. Paris, Willem, 1873, tirés à 100 exemplaires.

Vie de R. Angot de l'Esperonnière, ses Bouquets poétiques et son Chef-d'œuvre poétique, publiés pour la Société Rouennaise de Bibliophiles. Trois vol. in-4º. Rouen, 1872-1873, tirés à 55 exemplaires.

Poésies de J. Tahureau, du Mans. 2 vol. in-12. Paris, Jouaust, 1870, tirés à 333 exemplaires.

OEuvres de Louise Labé. In-12. Paris, Jouaust, 1875, tirées à 350 exemplaires.

Poètes et Amoureuses, profils littéraires du xvıᵉ siècle. Paris, Willem, 1877, un vol. in-8º, orné de portraits.

OEuvres Poétiques de Malherbe, avec une notice et des notes. Paris, Jouaust, 1877. In-16 et in-8º.

Poésies de Courval-Sonnet. Paris, Jouaust, 1876-77. Trois vol. in-16.

Nouveaux satires et exercices de ce temps, par R. Angot de l'Eperonnière. Paris, Lemerre, 1877. In-16 elzevirien.

Sous presse : Poésies de Jean Passerat, de Marie de Romieu, etc.

PROSPER BLANCHEMAIN

Poésies : T. I. Poèmes et Poésies, 3ᵉ édition ; T. II. Foi, Espérance et Charité, 2ᵉ édition ; T. III. Idéal, 2ᵉ édition. Trois vol. in-18, tirés à 500 exemplaires ; plus 55 exemplaires in-8°. Paris, Aubry, 1866.

Œuvres poétiques de Vauquelin DES YVETEAUX, réunies pour la première fois. Un vol. in-8°, tiré à 300 ex. Paris, Aubry, 1854.

Œuvres inédites de RONSARD. Un vol. in-16, tiré à 310 ex., plus un tirage à 25 ex. in-fol et 25 in-4°. Paris, Aubry, 1855.

Œuvres complètes de P. DE RONSARD. Huit vol. in-16 (Biblioth. Elzevirienne). Paris, Daffis, 1857-1867, tirés à 1200 exemplaires.

Œuvres poétiques de Fr. DE MAINARD. Trois vol. in-18. Paris, Gay, 1864-1867, tirés à 100 exemplaires.

Poésies de Jacques TAHUREAU (du Mans). Deux vol. in-18. Genève, Gay, 1868, 1869, tirés à 100 exemplaires.

Elégies de J. DOUBLET, publiées pour la Société des Bibliophiles Normands, avec une préface et des notes. Rouen, 1869, petit in-4°, tiré à 100 exemplaires.

Le Plaisir des Champs, poème cynégétique. Un vol. in-16 (Bibl. Elzevirienne). Paris, Daffis, 1869, tiré à 1200 exemplaires.

Poésies d'OLIVIER DE MAGNY (Amours, Gayetez et Souspirs). Trois vol. petit in-4°. Turin, Gay, 1869-1870, tirés à 100 exempl.

Œuvres complètes de MELIN DE SAINCT-GELAYS. Trois vol. in-16 (Bibl. Elzevirienne). Paris, Daffis, 1873, tirés à 1200 exemplaires.

Rondeaulx et vers d'amour de J. MARION. In-8°. Paris, Willem, 1873, tirés à 100 exemplaires.

Vie de R. Angot de l'Esperonnière, ses Bouquets poétiques et son Chef-d'œuvre poétique, publiés pour la Société Rouennaise de Bibliophiles. Trois vol. in-4°. Rouen, 1872-1873, tirés à 55 exempl.

Poésies de J. TAHUREAU, du Mans. 2 vol. in-12. Paris, Jouaust, 1870, tirés à 333 exemplaires.

Œuvres de Louise LABÉ. In-12. Paris, Jouaust, 1875, tirées à 350 exemplaires, etc., etc.

Sous presse : Poètes et Amoureuses du XVIᵉ siècle, études biographiques et littéraires ; Poésies de Malherbe, de Passerat, de Courval-Sonnet, de l'Esperonnière, etc.

www.ingramcontent.com/pod-product-compliance
Lightning Source LLC
Chambersburg PA
CBHW072050080426
42733CB00010B/2068